業界トップクラスの**合格率**を誇るウェルネット監修!

第1種・第2種
衛生管理者

最速
最短

合格テキスト

株式会社ウェルネット 編著

山根 裕基・山根 加奈未・金丸 萌 著

JN114311

ビジネス教育出版社

はじめに

　衛生管理者とは労働者が50人以上の事業場において、業種にかかわらず必ず選任が必要な労働者の健康管理の実務担当者です。衛生管理者になるためには、国家試験に合格し、免許を取得する必要があります。

　この本を手に取った多くの方が、「会社で取得を要求された」「免許が急に必要になった」といった事情を抱えていることでしょう。

　衛生管理者が必要な事業場が多いにも関わらず、試験範囲が広く、独学での勉強は険しい道のりとなります。その上、試験には専門的な用語も多く、受験生の方からは勉強中に心が折れてしまったという話もよく聞きます。

　そこで株式会社ウェルネットでは、少しでも「楽に！早く！一発で！」合格を目指してもらうため、過去20年以上衛生管理者の受験対策講座を行い、全国で合格者を輩出してまいりました。その秘訣は、試験の実施団体が年2回公開する「過去問題の分析」とウェルネット独自の「調査受験」にあります。

　衛生管理者試験では過去問題から同じ問題やよく似た問題が出題される傾向がありますが、近年では試験難度が上がり、新しい問題も増えています。そこでウェルネットでは社員や講師が月に1回以上の頻度で調査受験をした上で出題傾向の分析を行っています。

本書では過去問題から出題されやすい箇所を徹底的に分析し、出題されやすく、ひっかけとして出題される箇所のみをまとめました。さらに調査受験において判明した「過去問題では出題されていない隠された新傾向の問題」まで解説しております。

　また全国の講座で質問の多い部分や、初学者の方がつまずきやすい専門的な部分には、より細かい解説を加えています。初学者でもイメージしやすく、覚えやすいよう、要所に語呂合わせを用いました。ウェルネットの語呂合わせはすべて、日本人になじみ深い5・7・5のリズムになっています。これだけ覚えよう！という意味を込めて「これだけ川柳」と名付けました。

　衛生管理者試験では過去問題を繰り返し解くことが大切ですが、やはり初めて聞くようなわからない問題を闇雲に解くのは効率が悪くなります。ぜひ本書にて「どう解くのか」「どう考えるのか」といった試験に必要な知識の解像度を上げて、効率よく合格を目指しましょう。

株式会社ウェルネット
代表取締役　山根裕基

本書は2024年4月1日現在の法令に基づいています。本書発行以降の法改正等は、ビジネス教育出版社HPでお知らせいたします。また、試験内容等の最新情報はp.11に記載の安全衛生技術試験協会にお問い合わせください。

目　次

第3章 労働生理…121

試験概要

■衛生管理者とは？

　衛生管理者とは、労働安全衛生法により、常時50人以上の事業場で法的に設置が義務付けられている、労働衛生に関する技術的事項を管理する者である。

　衛生管理者には、衛生管理者試験（第1種、第2種）に合格し、都道府県労働局長の免許を受けた者等をあてることとなっている。

　試験は、現在、公益財団法人安全衛生技術試験協会が指定機関となって、全国の安全衛生技術センターで毎月数回実施されている。

衛生管理者免許の業種区分

試験の種別	衛生管理者として就くことのできる業種
第1種衛生管理者免許	全業種
第2種衛生管理者免許	次を除く全業種 農林畜水産業、鉱業、建設業、製造業（物の加工業を含む。）、電気業、ガス業、水道業、熱供給業、運送業、自動車整備業、機械修理業、医療業および清掃業

衛生管理者試験

種類	試験科目	試験時間
第1種衛生管理者試験	関係法令・労働衛生・労働生理	3時間 （科目免除者は2時間15分）
特例 第1種衛生管理者試験（※）	関係法令（有害業務）・労働衛生（有害業務）	2時間
第2種衛生管理者試験	関係法令 （有害業務に係るものを除く） 労働衛生 （有害業務に係るものを除く） 労働生理	3時間 （科目免除者は2時間15分）

（※）特例第1種衛生管理者試験とは
第2種衛生管理者免許を有する者が、第1種衛生管理者試験を受験する場合に、有害業務に係る部分の関係法令、労働衛生のみを受験することができる。

■科目別出題数・配点構成（問題数は最近の傾向より）

		第1種		特例第1種		第2種	
		問題数	配点	問題数	配点	問題数	配点
関係法令 （有害業務に係るもの 以外のもの）	安衛法	5問	50点	免除	—	8問	80点
	労基法	2問	20点	免除	—	2問	20点
労働衛生 （有害業務に係るもの 以外のもの）		7問	70点	免除	—	10問	100点
労働生理		10問	100点	免除	—	10問	100点
関係法令 （有害業務に係るもの）	安衛法	9問	72点	9問	72点	—	—
	労基法	1問	8点	1問	8点	—	—
労働衛生 （有害業務に係るもの）		10問	80点	10問	80点	—	—
合計		44問	400点	20問	160点	30問	300点

■出題形式と合格基準

　5肢択一、マークシート形式で、各科目40％以上かつ、全体で60％以上の得点が必要である。

■受験資格

	受験資格
1	学校教育法による大学(注1)または高等専門学校(注2)を卒業した者で、その後1年以上労働衛生の実務に従事した経験を有する者　　　　　　　　　　　他
2	学校教育法による高等学校または中等教育学校(注3)を卒業した者で、その後3年以上労働衛生の実務に従事した経験を有する者
3	船員法による衛生管理者適任証書の交付を受けた者で、その後1年以上労働衛生の実務に従事した経験を有する者(注4)
4	高等学校卒業程度認定試験に合格した者、外国において学校教育における12年の課程を修了した者など学校教育法施行規則第150条に規定する者で、その後3年以上労働衛生の実務に従事した経験を有する者
5	・専門課程または特定専門課程の高度職業訓練のうち能開則別表第6により行われるもの(注5)を修了した者で、その後1年以上労働衛生の実務に従事した経験を有する者 ・応用課程の高度職業訓練のうち能開則別表第7により行われるものを修了した者で、その後1年以上労働衛生の実務に従事した経験を有する者

6	普通課程の普通職業訓練のうち能開則別表第2により行われるもの(注5)を修了した者で、その後3年以上労働衛生の実務に従事した経験を有する者
7	旧専修訓練課程の普通職業訓練(注5)を修了した者で、その後4年以上労働衛生の実務に従事した経験を有する者
8	10年以上労働衛生の実務に従事した経験を有する者
9	• 外国において、学校教育における14年以上の課程を修了した者で、その後1年以上労働衛生の実務に従事した経験を有する者 • 特別支援学校(旧盲学校、聾学校または養護学校)の高等部を卒業した者など学校教育法第90条第1項の通常の課程による12年の学校教育を修了した者で、その後3年以上労働衛生の実務に従事した経験を有する者

(注1)大学には、短期大学が含まれる。
(注2)高等専門学校には、専修学校・各種学校等は含まれない。
(注3)中等教育学校とは中高一貫教育の学校のことで、中学校ではない。
(注4)この受験資格に該当する者は、「労働生理」の科目について免除を受けることができる。
(注5)改正前の法令により当該訓練と同等とみなされるものを含む。

■お問い合わせ先

①公益財団法人 安全衛生技術試験協会

〒101-0065　東京都千代田区西神田3-8-1

千代田ファーストビル東館9階

電話番号：03-5275-1088

②各安全衛生技術センター

各センター	所在地	電話番号
北海道安全衛生技術センター	〒061-1407 北海道恵庭市黄金北3-13	0123-34-1171
東北安全衛生技術センター	〒989-2427 宮城県岩沼市里の杜1-1-15	0223-23-3181
関東安全衛生技術センター	〒290-0011 千葉県市原市能満2089	0436-75-1141
関東安全衛生技術センター 東京試験場	〒105-0022 東京都港区海岸1丁目11－1 ニュービア竹芝ノースタワー 21階	03-6432-0461

中部安全衛生技術センター	〒477-0032 愛知県東海市加木屋町丑寅海戸51-5	0562-33-1161
近畿安全衛生技術センター	〒675-0007 兵庫県加古川市神野町西之山字迎野	079-438-8481
中国四国安全衛生技術センター	〒721-0955 広島県福山市新涯町2-29-36	084-954-4661
九州安全衛生技術センター	〒839-0809 福岡県久留米市東合川5-9-3	0942-43-3381

■免許申請

東京労働局免許証発行センターに免許申請書を郵送する。

＊試験に関するお問い合わせ

試験に関する情報は、本書発行時点での情報です。

概要が変更になることもあるため、詳細・最新情報は、

必ず公益財団法人安全衛生技術試験協会 HP をご確認ください。

URL：https://www.exam.or.jp

合格学習法

（1）合格ラインを知る！

　どんな試験であっても、出題数や合格ラインを知らなければ試験対策は始まらない。まずは合格ラインを知ろう。

　衛生管理者試験の合格ラインは全体で60％の得点である。**つまり第1種衛生生管理者であれば400点中240点以上、第2種衛生管理者であれば300点中180点以上の得点が必要**となる。ただし、すべての科目にボーダーラインがあり、**各科目40％以上の得点で合格**となる。

　なお、合格ラインを目指す際は点数を計算するよりも、各科目で何問出題され、そのうち何問正解すればいいのかを知ることが大切である。合格に必要な科目ごとの正解数は次の通り。

　科目ごとに必要になる正解数をおさえ、その上で全体の点数を上げていく必要がある。

図表 合格に必要な科目ごとの最低正解数（各科目40％以上、全科目合計60％以上）

科目	第1種 衛生管理者	特例第1種 衛生管理者	第2種 衛生管理者
関係法令 （有害業務に係るもの以外のもの）	7問中 3問以上	―	10問中 4問以上
労働衛生 （有害業務に係るもの以外のもの）	7問中 3問以上	―	10問中 4問以上
労働生理	10問中 4問以上	―	10問中 4問以上
関係法令 （有害業務に係るもの）	10問中 4問以上	10問中 4問以上	―
労働衛生 （有害業務に係るもの）	10問中 4問以上	10問中 4問以上	―
すべての科目の合計	44問中 26〜28問以上（※）	20問中 12問以上	30問中 18問以上

※科目ごとの配点の違いによる。

（2）苦手科目を作らない！

　衛生管理者試験では**すべての科目をまんべんなく勉強する**ことが必要である。

　各科目にボーダーラインが設けられているため、どこかひとつの科目でも苦手科目ができてしまい、ボーダーラインを下回ってしまうと、他の科目が満点であったとしても不合格になってしまう。

　まずは科目ごとのボーダーラインを上回ることを目指し、その後全体の得点を上げる（各科目で70〜90％の得点を目指す）といったバランスのよい勉強方法が必要である。苦手科目を作らないようにすることが、衛生管理者試験の合格の近道だ。

（3）出題傾向を知る！

　衛生管理者試験の出題範囲は多岐にわたり、闇雲に勉強しても苦しい作業となってしまう。試験勉強を始めるときは出題傾向を分析し、勉強の効率化を図ることが必要だ。

　衛生管理者試験は試験当日に問題用紙の持ち帰りができない試験であり、何が出題されているかは原則として不明である。ただし、試験の実施機関である安全衛生技術試験協会が毎年2回、過去問題を公開している（公表問題という）。衛生管理者試験では、この**過去問題と同じ問題や、類似問題が出題されている**ことが特徴である。

　ただし、ここ数年の試験では過去問題の内容が捻って出題されたり、過去問題では出題されていない問題が出題されたりと、**試験の難度が上がっている。**

　そこで**ウェルネットでは独自に調査受験を行っている。**調査受験ではウェルネットの社員や講師が毎月、実際に受験をした上で最新の出題傾向を分析している。本書では**過去問題と調査受験の内容を合わせ、試験での頻出箇所について解説**した。

（4）学習法を知る！

　衛生管理者試験のコツは「インプット学習」と「アウトプット学習」

にある。

インプット学習とは知識の習得である。内容の理解を深め、時には暗記を行う学習をいう。まさに本書が活躍する部分である。一方、アウトプット学習とは、インプット学習を通じて得た知識を活用して問題演習を行い、知識が得点に結びつくよう知識の定着化と応用力を養う学習をいう。

どちらの学習が欠けても試験の合格は難しいが、やはり**試験勉強において最初の壁となるのはインプット学習**である。知識の理解が足りない状態でアウトプット学習を行おうとすると設問の意味も解説の意味もわからず、問題に対処することが難しい。**最初に知識のイメージをつかみ、覚えるための理解度を上げる**ことが必要である。本書ではまさに試験勉強の一番始めに行うインプット学習に必要な部分をまとめている。知識のイメージを図表でまとめ、受験生が躓きやすい用語等を丁寧に解説した。さらに覚えにくいものを語呂合わせで紹介している。

ただしインプット学習だけを行っていても問題への対応力が足りず、合格をつかむことは難しい。**アウトプット学習もバランスよく行うこと**が必要である。そこで過去問題と調査受験両方の出題傾向を反映した**選りすぐりの練習問題を巻末に用意**した。

さらにインプット学習とアウトプット学習をスムーズに行えるように、**要所において試験の出題パターンを紹介**している。インプット学習で知識を深め、出題範囲と出題パターンを知り、アウトプット学習を通じて問題を解くノウハウを身に着けることが大切である。出題傾向や出題パターンを把握し、ある程度の知識を得たら、問題演習へ進み、演習を通じて知識の補強すべき箇所に気付いたらまたテキストを読み返すといった**反復学習が合格への近道**だ。

（5）本書の特徴

　本書では過去問題や調査受験に基づいた出題されやすい内容をまとめている。特に赤字で記されている部分が、試験でも頻出の引っ掛けポイントである。そのほかに次の通り、重要箇所をまとめた。

　覚えにくいものやこれだけ覚えれば問題が解ける！といった単語等を語呂合わせとしてまとめた。
　すべて５・７・５の川柳になっているため、声に出して口ずさみながら覚えよう。

\\試験ではこう出る！/

　実際の試験での出題パターン及び出題パターンに合わせた覚え方やコツをまとめた。

　試験対策として特におさえておくべき重要な箇所や、覚えておくべきキーワード。

【参考】　読んでおくと問題を解くときの参考になるようなちょっとした知識。

【コラム】　衛生管理者試験に合格後の実務において参考になる知識など。

第 1 章

（有害業務に係るもの以外のもの）

1 総則

労働安全衛生法　第1条

　この法律は、労働基準法と相まって、労働災害の防止のための**危害防止基準の確立**、**責任体制の明確化**及び**自主的活動の促進**の措置を講ずる等その防止に関する総合的計画的な対策を推進することにより職場における労働者の**安全と健康を確保**するとともに、**快適な職場環境の形成**を促進することを目的とする。

　第1条には、労働安全衛生法の2つの目的と、目的を達成するための3つの手段が規定されている。

図表 労働安全衛生法第1条

3つの手段	2つの目的
キ ……… 危害防止基準の確立	**ア** ………… 安全と健康を確保
セ ………… 責任体制の明確化	**カ** …… 快適な職場環境の形成
ジ ………… 自主的活動の促進	

\ **試験**ではこう出る！ /

　第1条は穴埋め問題形式で出題される。
　条文がそのまま出題され、キーワードの部分のみが穴になるため、「危害防止基準」「責任体制」「自主的活動の促進」「安全と健康」「快適な職場環境」の5つを順番通りに覚えるだけでよい。キーワードの頭文字を語呂合わせで覚えよう。

語呂合わせ

キセジアカ　労働安全　衛生法

2 安全衛生管理体制

（1）総括安全衛生管理体制等

　事業者は労働者の安全と健康を確保し、快適な職場環境の形成を促進するため、事業場に安全衛生管理体制を構築する必要がある。安全衛生管理体制は次の3種類がある。

総括安全衛生管理体制：すべての業種において求められる安全衛生管理体制

統括安全衛生管理体制：建設業、造船業において求められる請負事業者も含めた管理体制

総合安全衛生管理体制：一部の製造業において求められる構内下請事業者も含めた管理体制

　試験で出題されるのは総括安全衛生管理体制のみであるため、総括安全衛生管理体制の内容のみおさえればよい。

　総括安全衛生管理体制では、事業場の業種及び規模（労働者数）に応じて、総括安全衛生管理者、安全管理者、衛生管理者及び産業医等の選任を義務付けている。

> 屋内産業的業種である旅館業で、労働者が300人以上いる事業場では総括安全衛生管理者が必要だ！

図表 総括安全衛生管理体制まとめ

	業種分類Ⅰ			免許	選任報告	代理者の選任
	屋外産業的業種	屋内産業的業種	その他の業種			
総括安全衛生管理者	100人以上	300人以上	1,000人以上	×	○	○
衛生管理者	50人以上			○	○	○
産業医	50人以上			○	○	×
安全管理者	50人以上		選任不要	×	○	○
安全衛生推進者	10～49人		選任不要	×	×	×
衛生推進者	選任不要		10～49人	×	×	×

図表 業種分類

屋外産業的業種	屋内産業的業種	その他の業種
林　業 鉱　業 建設業 運送業 清掃業	製造業（物の加工業を含む。）、電気業、ガス業、熱供給業、水道業、通信業、各種商品卸売業、家具・建具・じゅう器等卸売業、**各種商品小売業**、家具・建具・じゅう器小売業、燃料小売業、**旅館業、ゴルフ場業、自動車整備業、機械修理業**	左記以外のすべての業種（例：金融業、警備業、飲食業、医療業　等）

※屋外産業的業種や屋内産業的業種に属する場合であっても、事務所のみを有するような本社、本店等の場合にはその他の業種に該当。

（2）総括安全衛生管理者

❶ 総括安全衛生管理者の選任

　一定規模以上の事業場において、安全管理者、衛生管理者等を指揮するとともに、労働者の危険または健康障害を防止するための措置等、安全衛生管理の業務を統括管理する者。

＼**試験**ではこう出る！／

　　総括安全衛生管理者の選任が必要となる業種と規模の組合せが出題される！

語呂合わせ

　運掃や　　通信小売　ゴルフ旅
　　↓　　　　　　　　　↓
　屋外産業的業種　　屋内産業的業種

❷ 総括安全衛生管理者の資格要件

　当該事業場においてその事業の実施を統括管理する者がなる。これに**準ずる者は含まれない**。

　「事業の実施を統括管理する者」とは、工場長や店長など、その事業場のトップである責任者が該当する。

　「これに準ずる者は含まれない」とあるため、副工場長や副店長など、組織のナンバー２にあたる者は選任できない。

なお、総括安全衛生管理者の選任に際しては、**安全衛生の経験や免許は不要**である。

（3）衛生管理者

　一定規模以上の事業場において、衛生に係る技術的事項を管理する者（実務を担当する者）。

❶ 衛生管理者の免許

　衛生管理者は、次の表の業種に応じた免許を有する者のうちから選任する。

図表 免許の種類

免許の種類	衛生管理者として就くことのできる業種
第1種衛生管理者免許	すべての業種
第2種衛生管理者免許	次を除く全業種 農林畜水産業、鉱業、建設業、製造業（物の加工業を含む。）、電気業、ガス業、水道業、熱供給業、運送業、自動車整備業、機械修理業、医療業及び清掃業

※この他に医師、歯科医師、労働衛生コンサルタント、衛生工学衛生管理者免許を持つ者等もすべての業種で衛生管理者として選任することができる。

＼**試験**ではこう出る！／

　第2種衛生管理者免許でも選任できる業種なのか、選任できない業種なのかが問われる。【図表　免許の種類】における「次を除く」として記載されている業種は、第2種衛生管理者免許を有する者から選任できない。

※【図表　業種分類】の屋外産業的業種・屋内産業的業種・その他の業種の分け方とは異なるので注意する必要がある。

❷ 衛生管理者の選任

　事業場の規模（常時使用する労働者数）に応じて、次の表に掲げる数の衛生管理者の選任が必要である。

図表 衛生管理者の選任人数

常時使用する労働者数	選任すべき衛生管理者数
50　　～200人	1人以上
201　　～500人	2人以上
501　　～1,000人	3人以上
1,001　～2,000人	4人以上
2,001　～3,000人	5人以上
3,001人～	6人以上

＼**試験**ではこう出る！／

　事業場の労働者数に対して衛生管理者を何人選任する必要があるかが問われる。選任人数の表を書けるようにしよう。

❸ 衛生管理者の専任と専属

　常時使用する労働者数が **1,000人を超える**事業場においては、衛生管理者のうち**少なくとも1人を専任**の衛生管理者としなければならない。

➡一般に、衛生管理者は総務人事など他の業務を兼務しているケースが多いが、事業場の規模が大きくなると兼務している状態では衛生管理業務がおろそかになるため、他の仕事を兼務していない衛生管理専門の担当者（専任の衛生管理者）を置く必要がある。

　複数の衛生管理者を選任する場合、そのうち1人についてはその事業場に専属でない労働衛生コンサルタントのうちから選任することができる。

➡衛生管理者は事業場に専属の者から選任するが、労働衛生コンサルタントの資格を持つ者であれば専属でない者（外部の者）を選任することも可能である。例えば、社外の労働衛生コンサルタント（個

人事業主等）と委任契約等を締結し、衛生管理業務の一部を行ってもらうといったことが考えられる。ただし、専属でない労働衛生コンサルタントは１人までにしなければならない。

例えば、労働者が600人の事業場に衛生管理者が３人選任されている場合、その全員を社外の労働衛生コンサルタントにすることはできない。あくまでも外部の労働衛生コンサルタントは１人まで！

※専任：衛生管理者の仕事だけを行うこと（他の仕事と兼務していない）。
　専属：事業場に所属していること（雇用または常駐）。

参考 労働衛生コンサルタント

　厚生労働大臣が認めた労働衛生のスペシャリストとして、労働者の安全衛生水準の向上のため、他人の求めに応じ報酬を得て、事業場の診断・指導を行うことを業とする。衛生管理者の上位の国家資格である。

■特徴

- 厚生労働省に備えられた「労働衛生コンサルタント名簿」に登録されることで業務を行える。
- 試験は、保健衛生及び労働衛生工学の２つの区分がある。

■業務内容

- 労働安全衛生施策に関する相談、教育、講演、資料の提供等
- 事業場の安全水準あるいは衛生水準の向上のための診断及び指導
  ※事業者は労働衛生コンサルタントの診断及び指導を受けたとしても、記録の作成や保存義務はない。

（4）産業医

　労働者の健康管理等を行う産業衛生の専門家。産業医になるには医師であり、かつ厚生労働大臣の指定する者の研修の修了等の要件を満たすことが必要である。

※要件を満たしていても、法人の代表者等、事業場の運営について利害関係のある者は選任できない。

❶ 産業医の選任

図表 産業医の選任人数

常時使用する労働者数	選任すべき産業医数
50　　～3,000人	1人以上
3,001人～	2人以上

❷ 産業医の専属

　常時使用する**労働者数が 1,000 人以上の事業場**においては、その事業場に**専属の産業医を選任**しなければならない。ただし、**深夜業、坑内労働、有害業務、病原体によって汚染のおそれが著しい業務等の場合は、当該業務従事者が 500 人以上の事業場で専属の者を選任**しなければならない。

＼**試験**ではこう出る！／

　産業医を専属としなければならない労働者数が問われる。特に、深夜業の業務従事者が500人以上の場合に産業医を専属としなければならないことを覚えよう！

　なお、深夜業務従事者の人数は、必要となる衛生管理者免許の種類（第1種か第2種のいずれが必要か）や、衛生管理者の専任（兼務ではない状態）の要否には影響がない。「深夜業務従事者が○○人いる場合、専任の衛生管理者を選任しなければならない」といった選択肢は誤りとなる。

（5）その他の選任が必要な者

❶ 安全管理者

　屋外産業的業種及び屋内産業的業種において、常時使用する労働者数が 50 人以上の事業場で選任が義務付けられた、安全に係る技術的事項を管理する者（実務を担当する者）。

　選任要件：一定の実務経験かつ安全管理者選任時研修の修了　等

❷ 安全衛生推進者・衛生推進者

常時使用する労働者数が 10 人以上 50 人未満の事業場において選任が義務付けられている、労働者の安全や健康確保などに係る業務を担当する者。

選任要件：一定の実務経験または法定講習の修了　等

（6）報告等

ア．選任すべき事由が発生した日から **14 日**以内に選任。

イ．所轄労働基準監督署長に**遅滞なく**選任報告書を提出。

ウ．事業者は、総括安全衛生管理者等が旅行、疾病、事故その他やむを得ない事由によって職務を行うことができない時は、代理者を選任しなければならない。ただし**産業医の代理者は選任不要**である。

※イ、ウについては、安全衛生推進者・衛生推進者を除く。

（7）職務

総括安全衛生管理者や衛生管理者、産業医は、次の通り行うべき業務が法令に定められている。

❶ 総括安全衛生管理者・衛生管理者の職務

総括安全衛生管理者は次の業務を統括管理し、また、衛生管理者は、次の業務のうち衛生に係る技術的事項を管理する。

ア．労働者の**危険**または**健康障害**を防止するための措置に関すること。

イ．労働者の**安全**または**衛生**のための教育の実施に関すること。

ウ．**健康診断**の実施その他**健康**の保持増進のための措置に関すること。

エ．労働災害の原因の調査及び再発防止対策に関すること。

オ．その他労働災害を防止するため必要な業務。

（a）**安全衛生**に関する方針の表明に関すること。

（b）**危険性**または有害性等の調査及びその結果に基づき講ずる措置に関すること（リスクアセスメント）。

（c）**安全衛生**に関する計画の作成、実施、評価及び改善に関すること。

❷産業医の職務

産業医は次の業務のうち医学に関する専門的知識を必要とする事項を行わなければならない。

ア．**健康**診断の実施及びその結果に基づく労働者の**健康**を保持するための措置に関すること。

イ．長時間労働者に対する面接指導ならびにその他必要な措置の実施ならびにこれらの結果に基づく労働者の**健康**を保持するための措置に関すること。

ウ．心理的な負担の程度を把握するための検査（ストレスチェック）の実施ならびに面接指導の実施及びその結果に基づく労働者の**健康**を保持するための措置に関すること。

エ．作業環境の維持管理に関すること。

オ．作業の管理に関すること。

カ．その他、労働者の**健康**管理に関すること。

キ．**健康**教育、**健康**相談その他労働者の**健康**の保持増進を図るための措置に関すること。

ク．**衛生**教育に関すること。

ケ．労働者の**健康**障害の原因の調査及び再発防止のための措置に関すること。

＼ 試験ではこう出る！ ／

衛生管理者等の職務に該当するもの・しないものの判断が求められる。
原則として、選択肢に「健康・災害・安全・衛生・危険」のいずれかのキーワードが入っていたら、衛生管理者等の職務であると判断する。
「健康・災害・安全・衛生・危険」の頭文字を語呂合わせで覚えてしまおう。

語呂合わせ

今朝敢えて　危険おかして　仕事した

け：健康　さ：災害　あ：安全　え：衛生　→危険

_{ポイント} 衛生管理者等の職務について

　選択肢に「健康・災害・安全・衛生・危険」のキーワードが入っている場合でも、衛生管理者等の職務に該当しないものもある。次のよく出題される"職務ではないもの"も覚えておこう。

図表 衛生管理者等の"職務ではないもの"

役割	よくある誤り （職務ではないもの）	解説 （覚え方のイメージ）
総括 安全衛生 管理者	安全衛生推進者または衛生推進者の指揮に関すること	安全衛生推進者等は10人以上50人未満の事業場で選任しなければならず、総括安全衛生管理者が選任された事業場では選任の必要がないことから、指揮の必要性自体が発生しない。
	産業医の指揮に関すること	事業者の意向で診断を変える等がないよう、産業医は独立性をもってその職務を行う必要がある。産業医は誰からの指揮も受けず中立の立場であることが求められる。
衛生管理者	衛生推進者の指揮に関すること	衛生推進者は10人以上50人未満の事業場で選任しなければならず、衛生管理者の選任が必要な事業場では選任の必要がないことから、指揮の必要性自体が発生しない。
	業務上疾病の災害補償に関すること	災害補償を行うのは事業者である。金銭的な補償を衛生管理者個人が行うことはない。
	事業者に対し、労働者の健康管理等について必要な勧告をすること	勧告を行うのは産業医の職務に該当する。
産業医	安全衛生に関する方針の表明に関すること	方針の表明や計画の作成等は産業医の職務には含まれない。産業医は委任契約等で外部の者を選任しているケースが多く、事業場外部の者が事業場全体の方針表明等に参画するのは越権行為であろうというイメージで理解するとよい。
	安全衛生に関する計画の作成、実施、評価及び改善に関すること	
	衛生推進者の選任に関すること	労働者の誰を衛生推進者とするか、といった社内人事に関することは当然に事業者が行う。

27

❸ 作業場巡視義務（衛生管理者及び産業医の職務）

　衛生管理者及び産業医は次の頻度で作業場等を巡視しなければならない。

図表 作業場巡視

衛生管理者	毎週1回
産業医	毎月1回※

※産業医の作業場巡視については事業者の同意の上、所定の情報が毎月1回以上、産業医に提供されている場合は2か月に1回とすることができる。

■ 所定の情報とは
(a) 衛生管理者が少なくとも毎週1回行う作業場等の巡視の結果
(b) 衛生委員会等の調査審議を経て事業者が産業医に提供することとしたもの

（8）衛生委員会等
❶ 設置

　事業者は次の表の通りに衛生委員会及び安全委員会を設置しなければならない。

図表 委員会の設置

業種	労働者数	設置するもの
すべて	50人以上	衛生委員会
屋外産業的業種 屋内産業的業種	50人以上（一部100人以上）	安全委員会

※安全委員会が必要な業種において、両方の委員会をまとめて安全衛生委員会を設置することもできる。

参考 衛生委員会と安全委員会の違い

　衛生委員会で話し合うのは主に衛生に関する事項であり、安全委員会では安全に関する事項である。

　衛生とは病気等の予防により健康を保つことであり、安全とは危険を減らしケガを防ぐことをいう。衛生管理者試験において衛生という言葉を見かけたら「病気の予防」、安全とみかけたら「ケガの防止」に関すること、とイメージしておくとよい。

❷ 構成

事業者は次の通りに委員を指名しなければならない。なお、委員会の構成人数に法令上の定めはない。

ア．議長は総括安全衛生管理者、または当該事業場においてその事業の実施を統括管理する者（**これに準ずる者も含まれる**）がなる。

> 総括安全衛生管理者自体には「準ずる者」ではなれないが、衛生委員会の議長であれば「準ずる者」でもなることができる！

イ．議長を除き、委員の半数は労働組合（**または労働者の過半数を代表する者**）の推薦に基づき事業者が指名しなければならない。

ウ．（a）〜（c）の者を、少なくとも**1名**、委員に指名しなければならない。

（a）衛生管理者

（b）産業医（その事業場に専属でなくても可）

（c）当該事業場の労働者で、衛生に関し経験を有する者

エ．衛生管理者として選任している、事業場に専属でない労働衛生コンサルタントも委員に指名できる。

オ．作業環境測定士を委員に指名することができる（作業環境測定機関の作業環境測定士を除く）。

衛生委員会の構成に関し、次のような誤りを出題してくる。

〈誤りのパターン〉

✗衛生委員会の議長は、<u>衛生管理者である委員</u>のうちから、事業者が指名しなければならない。

正しくは➡議長は総括安全衛生管理者、または当該事業場においてその事業の実施を統括管理する者（これに準ずる者も含まれる）がなる。

✗<u>衛生委員会の議長を除く全委員</u>は、事業場に労働者の過半数で組織する労働組合がない時は、労働者の過半数を代表する者の推薦に基づき指名しなければならない。

正しくは➡衛生委員会の議長を除く委員の半数について、事業場の労働組合または労働者の過半数を代表する者の推薦に基づき、事業者が指名する。

✗産業医のうち衛生委員会の委員として指名することができるのは、<u>当該事業場に専属の産業医に限られる</u>。

正しくは➡産業医は専属の者に限られていない。

❸ 付議事項（衛生委員会で話し合うべき事項）

衛生委員会では次の事項を調査審議する。

ア．労働者の健康障害を防止するための基本となるべき対策に関すること。

イ．労働者の健康の保持増進を図るための基本となるべき対策に関すること。

ウ．労働災害の原因及び再発防止対策で、衛生に係るものに関すること。

エ．その他労働者の健康障害の防止及び健康の保持増進に関する重要事項。

　（a）衛生に関する規程の作成に関すること。

　（b）危険性または有害性等の調査及びその結果に基づき講ずる措置のうち、衛生に係るものに関すること(リスクアセスメント)。

（c）**安全衛生**に関する計画（衛生に係る部分に限る。）の作成、実施、評価及び改善に関すること。

（d）**衛生**教育の実施計画の作成に関すること。

（e）長時間にわたる労働による労働者の**健康**障害の防止を図るための対策の樹立に関すること。

（f）労働者の精神的**健康**の保持増進を図るための対策の樹立に関すること。 等

\試験ではこう出る！/

　委員会の付議事項かそうでないかの判断が求められる。
　衛生管理者等の職務の判断同様に、原則として、選択肢に「健康・災害・安全・衛生・危険」のいずれかのキーワードが入っていたら、付議事項であると判断しよう。

❹ その他

ア．少なくとも**毎月1回以上**開催しなければならない。

イ．委員会の開催の都度、**遅滞なく**、議事の概要を労働者に周知しなければならない。

ウ．議事録（重要な議事に係る記録）は**3年間**保存しなければならない。

ポイント 記録の保存年数

　労働安全衛生法における記録の保存年数はほとんどが3年間である。例外として健康診断等の労働者個人の体（健康状態等）に関わる記録は5年間のものが多い。試験対策上は、記録の保存は原則3年、健康に関するものは5年と覚えておこう。

3 安全衛生教育

（1）雇入時及び作業内容変更時の安全衛生教育

❶ 安全衛生教育の内容

　事業者は、雇入時または作業内容を変更した時は、その労働者に対し、遅滞なく、次の事項のうち当該労働者が従事する業務に関する安全または衛生のため必要な事項について、教育を行わなければならない。

ア．機械等、原材料等の危険性または有害性及びこれらの取扱い方法に関すること。

イ．安全装置、有害物抑制装置または保護具の性能及びこれらの取扱い方法に関すること。

ウ．作業手順に関すること。

エ．作業開始時の点検に関すること。

オ．当該業務に関して発生するおそれのある疾病の原因及び予防に関すること。

カ．整理、整頓及び清潔の保持に関すること。

キ．事故時等における応急措置及び退避に関すること。

ク．前各号に掲げるもののほか、当該業務に関する安全または衛生のために必要な事項

❷ 実施方法等

- **業種、雇用期間、規模に関わらず実施しなければならない。**

- 特別教育を除いて、記録の**保存義務なし。**

  ※特別教育とは、一定の危険または有害な業務に労働者を就かせるときに行う特別の労働衛生教育のこと。特別教育は、第1種試験のみの範囲であり、「関係法令（有害業務に係るもの）」で学習する。

- 安全衛生教育を、衛生管理者が行わなければならないという定めはない。

- 十分な知識及び技能を有する者には省略できる。

4 健康診断

(1) 一般健康診断

法令に定められる一般健康診断は次の通りである。

図表 一般健康診断

健康診断の種類	対象者	頻度等	記録の保存
雇入時の健康診断	雇い入れる労働者	雇入の際	5年
一般定期健康診断	特定業務以外の業務に常時従事する労働者	1年以内ごとに1回	5年
特定業務従事者の健康診断	有害業務従事者 深夜業務従事者 坑内労働等従事者 病原体業務従事者*	6か月以内ごとに1回（胸部エックス線検査及び喀痰検査については、1年以内ごとに1回）	
		配置替えの際	5年
海外派遣労働者の健康診断	海外に6か月派遣される者	海外に派遣する際	5年
	海外に6か月派遣された者	海外から帰国した際	
給食従業員の検便	給食業務従事者	雇入の際 配置替えの際	5年

＊病原体業務とは、「病原体によって汚染のおそれが著しい業務」の略称

※健康診断の結果の通知は、**全受診労働者**に対して**遅滞なく**行う。

※健康診断の結果に基づき、その項目に異常の所見があると診断された労働者についての**医師からの意見聴取**は、健康診断実施日等から、**3か月以内**に行う（深夜業務を行う労働者の自発的健康診断の場合は、証明書が事業者に提出された日から2か月以内）。

※海外派遣労働者に対し行う健康診断において、医師が必要と認めた場合に行う主な項目にABO式及びRh式の血液型検査（派遣する際）、糞便塗抹検査（帰国した際）がある。

（2）雇入時の健康診断と一般定期健康診断

■図表■ 雇入時の健康診断と一般定期健康診断

	検査項目	検査項目の省略	結果報告
雇入時の 健康診断	①既往歴及び業務歴の調査 ②自覚症状及び他覚症状の有無の検査 ③身長、体重、視力、聴力（1,000Hz及び4,000Hz）、腹囲の測定 ④胸部エックス線検査 ⑤血圧の測定 ⑥尿検査（尿中の糖及び蛋白の有無の検査） ⑦貧血検査　⑧肝機能検査 ⑨血中脂質検査 ⑩血糖検査　⑪心電図検査	労働者の年齢に関わらず省略不可！ 原則省略できない ただし、以前3か月以内に健康診断を実施し、その証明書を提出した時は当該項目の省略ができる	不要
一般定期 健康診断	雇入時の健康診断と原則同じ （例外：喀痰検査がある）	医師の判断により次の項目以外は省略可能 〈省略ができないもの〉 ①既往歴及び業務歴の調査 ②自覚・他覚症状の有無 ③血圧の測定 ④体重、視力、聴力 ⑤尿検査	常時使用する労働者が50人以上の場合に必要

ポイント　「聴力検査」について

雇入時：年齢に関わらず、1,000Hz及び4,000Hzの音に係る聴力について行わなければならない。

一般定期：35歳及び40歳の者ならびに45歳以上の者に対しては、1,000Hz及び4,000Hzの音について行わなければならない。その他の年齢の者に対しては、医師が適当と認める方法により行うことができる。

聴力検査自体は一般定期健康診断においても省略できないのが前提であるが、一定の年齢のもの"以外"については、聴力検査の方法までは限定されていない。

\試験ではこう出る！/

　雇入時の健康診断と一般定期健康診断の違いが入れ替えて出題される。

〈誤りのパターン〉

×雇入時の健康診断において、40歳未満の者について、医師が必要でないと認める時は、貧血検査、肝機能検査等の一定の検査項目については省略することができる。

正しくは➡雇入時健康診断については、年齢に関わらず、健康診断の検査項目を省略することはできない。

（3）特殊健康診断

　特殊健康診断の1つに、歯科医師による健康診断がある。

図表 歯科医師による健康診断

対象者	頻度等	記録の保存
塩酸・硝酸・硫酸・亜硫酸・弗化水素・黄りん等の業務従事者	ア.雇入の際 イ.配置替えの際 ウ.6か月以内ごとに1回	5年間 ※ウの6か月以内ごとに1回、定期に実施するものは、結果報告書を所轄労働基準監督署に提出する

\試験ではこう出る！/

　対象者の業務が出題されるため、対象となる「業務」を語呂合わせで覚えよう。

語呂合わせ

歯医者さん	フッと笑った	歯が黄色い
↓	↓	↓
酸のつくもの	弗化水素	黄りん

特殊健康診断について

　歯科医師よる健康診断のほかにも、有機溶剤業務に係るものや特定化学物質業務に係るものなど、さまざまな特殊健康診断がある。

　有機溶剤業務や特定化学物質業務などの特殊健康診断は、第1種試験のみの出題範囲となっているため、そのほかの特殊健康診断については、「関係法令（有害業務に係るもの）」「労働衛生（有害業務に係るもの）」で学習する。

5 健康保持増進

（1）長時間労働者に対する面接指導の実施

　事業者は労働者の過重労働による脳・心臓疾患等の健康障害の発症を予防するため、長時間の時間外・休日労働等をしている労働者に対して、医師による面接指導を行い、就業上の措置をとらなければならない。

図表　面接指導

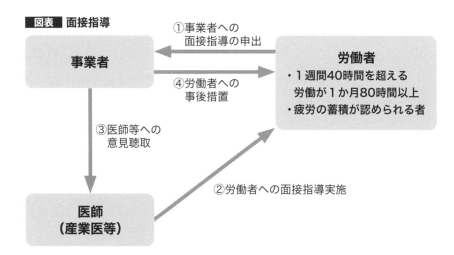

❶ 対象者及び通知

　事業者は休憩時間を除く**1週間40時間を超える労働が1か月80時間**を超え、かつ、**疲労の蓄積**が認められる**労働者から申出**があった時は、**遅滞なく**医師による面接指導を行わなければならない。

　また、事業者は、時間外・休日労働が1か月80時間を超えた労働者に対し、労働時間に関する情報を通知しなければならない。

❷ 面接指導の実施者

　事業者の指定した医師（産業医、またはその他の医師）が実施するが、**労働者が希望しない場合は指定した医師以外の医師が実施**する。

　➡必ずしも事業者の指定した医師（**産業医等**）が実施する必要はない。

❸ 意見聴取

　事業者は、面接指導を実施した労働者の健康を保持するために必要な措置について、面接指導が行われた後、**遅滞なく**、医師の意見を聞かなければならない。

❹ 記録の保存

- 事業者は、面接指導の結果を記録し、これを**5年間**保存しなければならない。
  - ➡面接指導の結果の記録とは長時間労働が原因で健康障害をおこしていないかどうか、労働者の健康を保持するために必要な措置についての医師からの意見を聞くものであるため、健康診断等と同じ体に関する記録であるとイメージしよう。
- 面接指導の結果の記録は、面接指導を実施した医師からの報告をそのまま保存することでよい。

> 面接指導の結果の記録は、健康診断個人票に記載しなければならないわけではない。

❺ 記録の記載事項

　記録には、次の事項を記載しなければならない。

- ア．実施年月日
- イ．労働者の氏名
- ウ．医師の氏名
- エ．疲労の蓄積の状況
- オ．心身の状況
- カ．医師から聴取した意見

❻ 長時間労働者に関する情報の産業医への提供

　事業者は、休憩時間を除き1週間40時間を超えて労働させ、その超えた時間が1か月当たり80時間を超えた労働者について、その労働者の氏名及び超えた時間に関する情報を産業医に提供しなければならない。

❼ 労働時間の状況の把握

　事業者は、面接指導を実施するため、タイムカードによる記録等の客観的な方法その他の適切な方法により、裁量労働対象労働者や管理・監督者等含む**すべての労働者**（高度プロフェッショナル制度適用者を除く）について労働者の労働時間の状況を把握しなければならない。

❽ 事後措置の実施

　事業者は、医師の意見を勘案して、必要と認める場合は適切な措置を実施しなければならない。

I 労働安全衛生法

6 ストレスチェック

(1)ストレスチェック(心理的な負担の程度を把握するための検査)の実施

図表 ストレスチェックの流れ

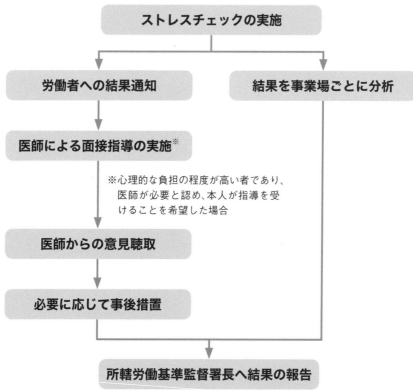

※常時50人以上の労働者を使用する事業場の場合

❶ 実施者

ストレスチェックを実施する者。

医師、保健師または厚生労働大臣が定める研修を修了した**歯科医師**、**看護師、精神保健福祉士、公認心理師**が実施者となる。

❷ 実施事務従事者

実施者の指示により、ストレスチェックの実施の事務に携わる者。調査票のデータ入力、結果の出力または記録の保存（事業者に指名された場合に限る）等を行う。

ストレスチェック結果が労働者の意に反して人事上の不利益な取扱いに利用されることがないようにするため、ストレスチェックを受ける労働者について、解雇、昇進または異動に関して直接の権限を持つ**監督的地位にある者は、ストレスチェックの実施の事務に従事してはならない**。

❸ 実施頻度

事業者は、**1年**以内ごとに1回、定期に、ストレスチェックを行わなければならない。

※常時50人未満の労働者を使用する事業場はストレスチェックの実施について、当分の間、努力義務となっている。

❹ 結果の通知

事業者は、検査を受けた労働者に対し、当該検査を行った医師等から、遅滞なく、当該検査の結果が通知されるようにしなければならない。当該医師等は、あらかじめ当該検査を受けた**労働者の同意を得ないで、当該労働者の検査の結果を事業者に提供してはならない**。

ポイント 結果の通知

ストレスチェックの結果は、検査を受けた労働者のみに通知される。原則として、衛生管理者は結果通知の対象に含まれない！
（衛生管理者も結果通知を受けるには本人の同意が必要となる）

❺ ストレスチェックの事項

　労働者に対するストレスチェックの事項は、「当該労働者の**心理的な負担の原因**」「当該労働者の心理的な負担による**心身の自覚症状**」及び「他の労働者による当該**労働者への支援**」に関する項目である。

❻ 記録の保存

　事業者は当該労働者の同意を得て、当該医師等から検査の結果の提供を受けた場合には、当該検査の結果の記録を作成して、これを**5年間保存**しなければならない。

❼ 検査結果の集団ごとの分析

　事業者は、当該検査を行った医師等に、当該検査の結果を当該事業場の当該部署に所属する労働者の集団等ごとに集計させ、その結果について分析させるよう努めなければならない。

（2）医師による面接指導の実施
❶ 対象者

　ストレスチェックの結果、心理的な負担の程度が高い者（いわゆる高ストレス者）であって、医師による面接指導を受ける必要があると当該検査を行った医師等が認めた**労働者が申し出た時**は、**遅滞なく**医師による面接指導を行わなければならない。

❷ 面接指導の実施者

　事業者の指定した医師（産業医、またはその他の医師）が実施するが、**労働者が希望しない場合は指定した医師以外の医師が実施**する。
　　➡必ずしも事業者の指定した医師（**産業医等）が実施する必要はない**。

❸ 意見聴取

　事業者は、面接指導を実施した労働者の健康を保持するために必要な措置について、面接指導が行われた**後遅滞なく**、医師の意見を聞かなけ

ればならない。

❹ 記録の保存

事業者は、面接指導の結果の記録を作成し、これを**5年間**保存しなければならない。

（3）結果の報告

常時**50人以上**の労働者を使用する事業場は、1年以内ごとに1回、定期に、心理的な負担の程度を把握するための検査結果等報告書を所轄労働基準監督署長に提出しなければならない。

健康診断等の事後措置

　健康診断や長時間労働者に関する面接指導、ストレスチェックにおける面接指導を行った際、事業者は医師から意見聴取を行い、必要と認める場合は適切な事後措置を行わなければならない。

図表 事後措置の流れ

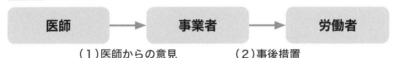

（1）医師からの意見　　　（2）事後措置

(1)医師からの意見聴取

　事業者は健康診断で異常の所見があると診断された場合や、長時間労働者に関する面接指導等を行った際には、医師から意見を聞く必要がある。その際の意見聴取の内容は、次の表の通りである。

図表 意見聴取の内容

就業区分		就業上の措置の内容
区分	内容	
通常勤務	通常の勤務でよいもの	なし
就業制限	勤務に制限を加える必要のあるもの	勤務による負荷を軽減するため、労働時間の短縮、出張の制限、時間外労働の制限、作業転換、就業場所の変更、深夜業の回数の減少、昼間勤務への転換等の措置を講じる。
要休業	勤務を休む必要があるもの	療養のため、休暇、休職等により一定期間勤務させない措置を講じる。

(2)就業上の措置

　事業者は上記医師の意見を勘案し、労働者の健康保持に必要な措置を決定し、実施する。

事後措置の例：就業場所の変更、作業の転換、労働時間の短縮、深夜業の回数の減少等

7 労働者死傷病報告

　事業者は、労働者が労働災害等により死亡または休業した場合には次の通り、所轄労働基準監督署長に報告書を提出しなければならない。

図表 労働者死傷病報告

災害の程度		提出時期	注意事項
死亡		遅滞なく	―
休業	4日以上	遅滞なく	―
	4日未満	4半期に一度※	不休災害を除く

※休業4日未満は、1月～3月・4月～6月・7月～9月・10月～12月の期間ごとにまとめて、それぞれの翌月(4月・7月・10月・1月)末日までに所轄労働基準監督署長に提出する。

1 労働安全衛生規則（第3編）

労働安全衛生規則（第3編）は作業場の衛生基準について定めた部分である。

（1）気積と換気

❶ 気積

> 作業をする上で適切な空気量（酸素量）が必要であるため、労働者1人当たりに必要な気積が定められている。

気積とは、空気の容積のことであり、床面積×高さで求められる。

設備等の占める空間を除き、床面から4m以下の気積は、労働者1人当たり **10㎥以上** としなければならない。

＼**試験**ではこう出る！／

例題 常時50人の労働者を就業させている屋内作業場の気積が、設備の占める容積及び床面から4mを超える高さにある空間を除き450㎥となっている。この事業場は労働安全衛生規則の衛生基準に違反しているか？

解答 気積は1人当たり10㎥以上必要なため、50人の労働者が就業しているなら気積は500㎥以上（50人×10㎥）必要である。例題では450㎥となっており、500㎥に満たないため違反している。

❷ 換気

直接外気に向かって開放できる窓その他の開口部の面積は、床面積の **1/20以上** としなければならない。ただし、換気が十分行われる性能を有する設備を設けた時は、この限りでない。

> 部屋の広さ(床面積)に対して十分換気できる大きさの窓等を設置する。もし窓等が1/20以下と小さい場合、換気設備を設置すればOK！

（2）照明

❶ 照度

　事業者は労働者を常時就業させる場所の作業面の照度を、次の表の基準に適合させなければならない。

図表 労働安全衛生規則の照度基準

作業の区分	基準
精密な作業	300ルクス以上
普通の作業	150ルクス以上
粗な作業	70ルクス以上

❷ 照明設備の定期点検

　6か月以内ごとに1回、定期に点検しなければならない。

参考 照度の作業の区分と基準について

　2022年12月1日より、事務所衛生基準規則の照度基準は、次の2区分に改正されたが、労働安全衛生規則の照度基準は改正されず、上記の3区分になっている。

図表 事務所衛生基準規則の照度基準

作業の区分	基準
一般的な事務作業	300ルクス以上
付随的な事務作業	150ルクス以上

臥床とは横になること。労働者が急に体調が悪くなった時や、救急車の到着等まで、横になって待機できるスペースや部屋を休養所もしくは休養室という。

（3）休養

❶ 休養所等

　常時50人以上または**常時女性30人以上**の労働者を使用する事業場は、労働者が臥床することのできる**男女別**の休養所または休養室を設けなければならない。

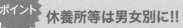

❷ 炊事従業員の休憩室等

　炊事従業員に対しては、**専用の便所及び専用の休憩室**を設ける。

(4)清潔

❶ 大掃除等

　日常の清掃以外に、**6か月以内ごとに1回大掃除**、ねずみ・昆虫等の被害状況調査等を行う。

❷ 便所

　坑内等特殊な作業場以外の作業場において、男性用小便所の箇所数は、同時に就業する男性労働者**30人以内ごとに1個以上**とする。

参考　便所について

　便所については原則として男性用と女性用で区別して設置をする。

　男性用大便所の便房（便器のある個室）については、同時に就業する男性労働者60人以内ごとに1個以上とし、女性用便所の便房については同時に就業する女性労働者20人以内ごとに1個以上とする。

(5)食堂及び炊事場

❶ 床面積

　食堂の床面積は、1人につき**1㎡以上**とする。

❷ 炊事場

　炊事場専用の履物を備え、**土足のまま立ち入らせない**。

Ⅱ 労働安全衛生法関係省令

2 事務所衛生基準規則

事務所（主に事務作業を行う労働者が使用する建物）における衛生基準を定めた規則である。

（1）空気調和設備等による調整

空気調和設備等を設けている事業者は、室に供給される空気が、次の表に適合するように、当該設備を調整しなければならない。

> 空気調和設備とはいわゆるエアコンのこと。エアコンから出る風には体に有害な物質も含まれているので、基準値以下にしなければならない。

図表 供給空気中の一酸化炭素等の含有率及び濃度

	基準値
一酸化炭素	100万分の10　（＝10ppm　＝0.001％)以下
二酸化炭素	100万分の1000（＝1000ppm＝0.1％)以下
浮遊粉じん量	0.15mg/㎥以下
ホルムアルデヒド	0.1mg/㎥以下

図表 室の気流及び温度と湿度

室の気流	0.5m/s以下
室の気温	18℃以上28℃以下（努力義務）
相対湿度	40％以上70％以下（努力義務）

> 室の気流とは風の流れを指す。エアコンから出る風の強さを調整して室内の風が強くなりすぎないようにする。

※気温と湿度の測定は、0.5℃目盛りの温度計及び乾湿球の温度計を使う。

＼試験ではこう出る！／

空気調和設備等に関する問題は、数字の穴埋め問題形式で出題される。赤字部分をしっかり覚えよう。

参考 ppmと％

試験ではppmと％という2つの単位がよく出題される。

ppm（百万分率）は100万分の1を表し、％（百分率）は100分の1を表す。

■図表 ppmと%の換算表

0.000001	=100万分の1	=1ppm	=0.0001%
0.00001	=100万分の10	=10ppm	=0.001%
0.0001	=100万分の100	=100ppm	=0.01%
0.001	=100万分の1,000	=1,000ppm	=0.1%
0.01	=100万分の10,000	=10,000ppm	=1%

（2）機械による換気のための設備（空気調和設備含む）の点検等

　事業者は、機械による換気のための設備及び空気調和設備について、定められた頻度で点検や清掃を行わなければならない。

❶ 冷却塔、冷却水、加湿装置、排水受け

　汚れ等の状況を点検、必要に応じて清掃等：**1か月**以内ごとに1回。

❷ 機械による換気のための設備

　異常の有無を点検：**2か月**以内ごとに1回。

❸ 冷却塔、冷却水の水管、加湿装置

　清掃：**1年**以内ごとに1回。

> 試験では頻度の数字を入れ替えて出題される！機械や設備の名前は問われないため、キーワードと数字の組合せを覚えよう！

ポイント　　汚れ1か月、異常2か月、清掃1年

（3）燃焼器具

　燃焼器具（ストーブ等）を使用する時は、**毎日**、異常の有無を点検しなければならない。

（4）中央管理方式による空気調和設備が設置されている事務所の作業環境測定

> 中央管理方式とは建物に供給する空気を一つの部屋（機械室、コントロール室など）で一元的に管理しているもの。

❶ 一酸化炭素等の測定（一酸化炭素及び二酸化炭素の含有率、室温及び外気温、相対湿度）

　2か月以内ごとに1回行う。

❷ 記録の保存

3年間保存しなければならない。

（5）大規模の修繕・大規模の模様替の際の作業環境測定
　　（空気調和設備が設置されていない事務所も含む）

❶ ホルムアルデヒドの測定

大規模の修繕・模様替を完了して使用を開始した日以後最初に到来する6月から9月までの期間に1回行う。

（6）その他

❶ 休養

- 事業者は持続的立業に従事する労働者が就業中しばしば座ることのできる機会のある時は、当該労働者が利用することのできるいすを備えなければならない。
- 事業者は、夜間、労働者に睡眠を与える必要のある時、または労働者が就業の途中に仮眠することのできる機会のある時は、適当な睡眠または仮眠の場所を、男性用と女性用に区別して設けなければならない。

❷ 救急用具

負傷者の手当に必要な救急用具及び材料を備え、その備付け場所及び使用方法を労働者に周知させなければならない。

❸ 更衣設備・乾燥設備

被服を汚染し、もしくは湿潤し、または汚染し、もしくは湿潤するおそれのある労働者のために、更衣設備または被服の乾燥設備を設けなければならない。

①報告

　試験では「中央管理方式の空気調和設備を設けた建築物内の事務室において、空気中の一酸化炭素及び二酸化炭素の含有率を測定した場合、所轄労働基準監督署長に報告が必要である。」といった、規則に定められていない内容が誤りとして出題される。

②喫煙

　事務所衛生基準規則は、事務所における衛生基準として気積、照明、空気調和設備など多岐に渡る内容が定められている。「喫煙する者がいるときには屋外に喫煙場所を設けるまたは屋内に設置する場合は喫煙専用室を設置する。」といった、規則に定められていない内容が誤りとして出題される。

ポイント　事務所衛生基準規則に喫煙に関する定めはない！

事務所衛生基準規則に関する出題では、"喫煙"というキーワードが選択肢に含まれていたら誤り！

参考 労働安全衛生規則と事務所衛生基準規則

　事務所衛生基準規則も労働安全衛生規則（第3編）と同じように、室内の作業環境に関する決まりであるため、両方の規則で一部同じ内容の定めがある。

　労働安全衛生規則（第3編）の規定における、（1）気積・換気の①及び②、（2）照明の②、（3）休養の①、（4）清潔の①及び②も事務所衛生規則において適用される。

3 労働安全衛生関係法令 横断整理

（1）記録の保存年数

試験に頻出の記録の保存年数は次の表の通り。

図表 記録の保存年数

種類	保存する内容	保存年数
衛生委員会	議事録	3年間
一般健康診断	雇入時の健康診断 一般定期健康診断 特定業務従事者の健康診断 海外派遣労働者の健康診断 給食従事員の検便	5年間
特殊健康診断(注)	雇入時の特殊健康診断 定期の特殊健康診断	5年間
健康の保持増進等	長時間労働者への医師による面接指導の結果	5年間
ストレスチェック	労働者のストレスチェックの内容 高ストレス者への医師による面接指導の結果	5年間
事務所衛生基準規則	中央管理方式による空気調和設備が設置されている事務所の作業環境測定(一酸化炭素等の測定)結果	3年間

（注）電離放射線業務及び除染の業務、一部の特定化学物質を取り扱う業務、じん肺法上の粉じん作業に係る業務、石綿等業務を除く。

（2）所轄労働基準監督署長への報告

　試験によく出題される所轄労働基準監督署長への報告は次の表の通りである。

図表　報告まとめ

種類	内容	提出時期		提出先
選任報告	総括安全衛生管理者、衛生管理者、安全管理者、産業医を選任した時	遅滞なく		所轄労働基準監督署長
定期健康診断結果報告	常時50人以上の労働者を使用する事業場で定期健康診断（特定業務従事者の健康診断も含む）を実施した時			
定期特殊健康診断結果報告(注1)	定期の特殊健康診断を実施した時（事業場の規模に関わらず）			
心理的な負担の程度を把握するための検査結果等報告（ストレスチェック実施報告）	常時50人以上の労働者を使用する事業場で、心理的な負担の程度を把握するための検査を実施した時等	1年以内ごとに1回		
労働者死傷病報告(注2)	労災等で死亡や休業した時	休業4日以上	遅滞なく	
		休業4日未満	4半期ごと	

（注1）じん肺健康診断を除く。
（注2）派遣労働者の場合の労働者死傷病報告は**派遣元・派遣先双方**で作成し、それぞれの所轄労働基準監督署長に提出する。

1 労働時間・休憩・休日

労働基準法とは労働条件の最低基準を定めた法律である。

試験では「関係法令（有害業務に係るものを除く）」の科目において必ず2問出題されている。

非常に多くのことが定められている法律だが、試験では出題範囲が偏っているため、出題されている範囲にしぼって覚えよう。

> 「労働時間・休憩・休日」「年次有給休暇」「妊産婦等」「就業規則」が出題されている！

（1）労働時間

❶ 法定労働時間

ア．原則

(a) 使用者は、労働者に休憩時間を除き1週間について40時間を超えて、労働させてはならない。

(b) 使用者は、1週間の各日については、労働者に休憩時間を除き1日について8時間を超えて、労働させてはならない。

イ．例外（労使協定による時間外・休日労働）

労働基準法第36条に基づく、労使協定（通称36協定）を締結し、所轄労働基準監督署長に届け出をすれば、年少者（満18歳未満の者）を除き、法定労働時間を超えて労働させることができる。

> 原則として年少者（満18歳未満の者）には、法定時間外労働をさせてはならない！

ウ．労働時間の通算

労働時間は事業場を異にする場合においても、労働時間に関する規定の適用については**通算する**。

参考 用語の説明

労働者：職業の種類を問わず、事業または事務所に使用される者で、賃金を支払われる者をいう。同居の親族のみを使用する事業

55

または事務所に使用される者及び家事使用人は除く。

使用者：事業主または事業の経営担当者その他その事業の労働者に関する事項について、事業主のために行為をするすべての者をいう。

労使協定：使用者と労働者の過半数で組織する労働組合（または労働者の過半数を代表する者）との書面による協定のことである。

参考 時間外労働・休日労働の上限規制

休憩時間を除く時間外労働・休日労働の上限は、原則として1か月45時間・1年360時間である。

臨時的な特別な事情があり、労使が合意する場合でも、1年720時間以内、単月100時間未満（休日労働を含む）、複数月平均80時間以内（休日労働を含む）としなければならない。

また、月45時間を超えることができるのは、年間6か月までである。

② 変形労働時間制

業務の繁閑や特殊性に応じて労働時間の配分を行い、これによって全体としての労働時間の短縮を図る制度である。

働く時間に柔軟性を持たせることができ、次の4種類がある。

図表 変形労働時間制まとめ

変形労働時間制	実施条件	期間	労使協定の届出
1か月単位の変形労働時間制	労使協定または就業規則等	1か月以内	必要
1年単位の変形労働時間制	労使協定	1か月超1年以内	必要
1週間単位の非定型的変形労働時間制	労使協定	1週間	必要
フレックスタイム制	就業規則等及び労使協定	1か月以内	不要
		1か月超3か月以内	必要

ア．1か月単位の変形労働時間制

　1か月以内の一定の期間を平均して、1週間当たりの法定労働時間である40時間を超えないように労働時間を定める制度である。業務が月末など特定の時期に集中する傾向がある場合、その時期の労働時間を長くし、業務に余裕がある時期の労働時間を短く調整するといった形で使用される。

イ．1年単位の変形労働時間制

　1か月を超え1年以内の期間を平均して、1週間当たりの法定労働時間である40時間を超えないように労働時間を定める制度である。季節等により業務の繁閑の差がある事業において使用される。

ウ．1週間単位の非定型的変形労働時間制

　小売業や旅館業等の各日の労働時間を特定することが困難な事業において、労働者が30人未満であり、日ごとの業務に著しい繁閑の差が生じることが多い場合、1週間の労働時間が40時間を超えない範囲内で、1日について10時間まで働かせることができる制度である。

エ．フレックスタイム制

　一定期間についてあらかじめ定められた労働時間の総枠の中で、労働者が日々の始業・終業時刻、労働時間を自ら決めることのできる制度である。就業規則において始業及び終業時刻を労働者の決定に委ねる旨を定め、労使協定において所定の事項を定める。所定の事項：①対象となる労働者の範囲、②清算期間、③清算期間における総労働時間(清算期間における所定労働時間)、④標準となる1日の労働時間、⑤コアタイム（労働者が1日のうちで必ず働かなければならない時間帯）、⑥フレキシブルタイム（労働者が自らの選択によって労働時間を決定することができる時間帯）

※⑤コアタイム及び⑥フレキシブルタイムは定めなくてもよい。

フレックスタイム制の清算期間は**1か月～3か月以内**である。

清算期間内の実際の労働時間が、清算期間における所定労働時間を超えていないかを確認する。
つまり働きすぎてはいないか、休みすぎてはいないかを把握し、もし法定労働時間の総数を超えているなら割増賃金の支払いも必要である。

（2）休憩

　使用者は、労働時間が**6時間**を超える場合は少なくとも**45分**、労働時間が**8時間**を超える場合は少なくとも**1時間**の休憩時間を労働時間の途中に与えなければならない。

ポイント　　休憩時間は実労働時間で考える！

例えば所定労働時間が7時間30分であっても、労働時間を1時間延長したのであれば、実労働時間が8時間30分となるため、少なくとも1時間の休憩を与えなければならない。

（3）休日

　原則：毎週少なくとも1回の休日を与えなければならない。

　例外：4週間を通じて4日以上の休日を与える方法でもよい。

（4）労働時間等の適用除外

❶ 適用除外

　次に該当する労働者については、労働時間、休憩及び休日に関する規定は適用されない。したがって、時間外、休日労働という概念はないが、**深夜労働に対する規定は適用される。**

深夜労働は身体への負担が大きい業務であり、労働時間等の適用除外者であっても負担が大きいことには変わらないため、割増賃金等の深夜労働の規定は適用される。

ア．農業、畜産業、水産業の事業に従事する労働者

　　➡農業等は天候等の自然環境により就労の可否が変わるため、労働時間等の規制になじまないため。

イ．事業の種類にかかわらず、監督もしくは管理の地位にある者または機密の事務を取り扱う者

　　➡監督もしくは管理の地位にある者（管理監督者）は、時間外労働や休日労働を命じる側の立場である。自分の労働時間等の裁量も自分で決めることができるため、適用除外となる。

　　　また機密の事務を取り扱う者とは、管理監督者とともに働く秘書等をいう。管理監督者が適用除外のため、ともに働く秘書も適用除外となる。

ウ．監視または断続的労働に従事する者で、使用者が行政官庁の許可を受けた者

　　➡監視または断続的労働とは、例えば宿直や日直の勤務であり、定時の巡回や非常時に備えた待機等が付随した業務等をいう。守衛や門番、役員運転手などが該当することがある。

　　　使用者が勝手な判断で悪用できないよう、適用除外の対象とするには労働基準監督署長の許可が必要である。

ポイント

　　　　監督もしくは管理の地位にある者または機密の事務を取り扱う者は労働基準監督署長の許可がなくても適用除外となる！

❷ 例外

　災害時等事態急迫の場合は、事前の許可がなくても時間外労働が可能である。

Ⅲ 労働基準法

2 年次有給休暇

（1）年次有給休暇の付与

使用者は、労働者が雇入の日から6か月間継続勤務し、全労働日の**8割以上**出勤した場合に、継続し、または分割した少なくとも10日の有給休暇を付与しなければならない。以後1年ごとに付与日数は増加し、最大20日とする。なお、**労働時間等の適用除外者にも年次有給休暇の規定は適用される。**

図表 一般の労働者に対する付与日数

継続勤務期間	6か月	1年6か月	2年6か月	3年6か月	4年6か月	5年6か月	6年6か月以上
付与日数	10日	11日	12日	14日	16日	18日	20日

＼**試験**ではこう出る！／

労働者の継続勤務年数ごとの付与日数が出題される。

（2）短時間労働者への比例付与

1週間の労働時間が**30時間未満**で、所定労働日数が週4日以下（年間所定労働日数の場合は216日以下）の短時間労働者等の場合は、労働日数に対して比例的に付与する。

週に5日働いている労働者と、週に3日働いている労働者に同じ日数を付与することは公平でない。働いた日数に応じた年次有給休暇の日数を付与するということ。

【**短時間労働者への付与日数の求め方**】

計算式　通常の労働者の付与日数×比例付与対象者の週所定労働日数
　　　　÷5.2[※]

※厚生労働省が定める通常の労働者の週所定労働日数を指す
※端数は切り捨てる

　短時間労働者に対する付与日数が問われる。計算が必要になるため、公式をしっかり覚えよう。

　また、短時間労働者に該当するのは週の労働時間が30時間未満の場合である。週の労働時間が32時間など、30時間を超える場合は一般の労働者に対する付与日数で与えなければならないため注意する。

参考 短時間労働者に対する付与日数まとめ

図表 短時間労働者に対する付与日数まとめ

週所定労働日数	1年間の所定労働日数	勤務日数						
		6か月	1年6か月	2年6か月	3年6か月	4年6か月	5年6か月	6年6か月以上
4日	169日～216日	7日	8日	9日	10日	12日	13日	15日
3日	121日～168日	5日	6日	6日	8日	9日	10日	11日
2日	73日～120日	3日	4日	4日	5日	6日	6日	7日
1日	48日～ 72日	1日	2日	2日	2日	3日	3日	3日

（3）計画的付与

　使用者は、労働者の有する年次有給休暇のうち**5日**を超える部分は、労使協定により計画的に付与できる。

（4）時間単位年休

　使用者は、労使協定を締結すれば、労働者が請求した場合、1年に**5日分**を限度として時間単位で付与できる。

（5）時効

　有給休暇は翌年度に限り繰り越せる。つまり**2年間**有効。

（6）出勤率の算定と年次有給休暇中の賃金

❶ 出勤率の算定

次の期間は**出勤したものとみなす**。

　　業務上負傷し、または疾病にかかり療養のために休業した期間、
育児休業をした期間、介護休業をした期間、産前産後休業した期間

❷ 年次有給休暇中の賃金

平均賃金、所定労働時間労働した場合に支払われる通常の賃金、健康
保険法に定める標準報酬月額の30分の1に相当する額（労使協定必要）
のいずれかを支払わなければならない。

参考 **その他**

- **時季指定権**：使用者は、有給休暇を労働者の請求する時季に与えなけ
　　　　　　　　ればならない。労働者は、有給休暇を請求する時季に取
　　　　　　　　得することができる。
- **時季変更権**：事業の正常な運営を妨げる場合は、他の時季に与えるこ
　　　　　　　　とができる。

- **年次有給休暇付与義務**

　　使用者は10日以上の年次有給休暇が付与される労働者に対し、5
日について、毎年時季を指定して与えなければならない。なお、この
5日には労働者の時季指定や計画的付与により取得された年次有給休
暇を含む。

3 妊産婦等

（1）妊産婦

妊娠中の女性及び**産後1年**を経過しない女性のことである。

（2）時間外・休日労働、深夜労働

❶ 時間外・休日労働

時間外・休日に関する協定（36協定）を締結している場合や、1か月単位の変形労働時間制及び1年単位の変形労働時間制を採用している場合であっても、妊産婦が請求した場合には、**管理監督者等を除き**、時間外・休日労働をさせてはならない。なお、**フレックスタイム制を採用している場合には、1週40時間、1日8時間を超えて労働させることができる。**

➡管理監督者等は労働時間等の適用除外者であり、時間外労働・休日労働の適用がないため、自身の裁量によって労働することとなる。

➡フレックスタイム制であれば妊産婦が自分で体調等を鑑みて1日の労働時間を自ら決めることができる。

❷ 深夜労働

妊産婦が請求した場合には、**管理監督者等を含め**、深夜業をさせてはならない。

➡管理監督者等の労働時間の適用除外者であっても、深夜労働に関する規定は適用される。深夜労働は身体への負担が大きく、妊産婦が行うと流産等の危険性もあるため、妊産婦が請求した場合には深夜業をさせてはならない。

ポイント　妊産婦であるという理由だけで「時間外労働を1時間まで
にしなければならない」といった具体的な時間数に関する規
制はない。あくまでも妊産婦からの請求によって時間外・休日労働
または深夜労働に制限が発生する。

（3）産前産後休業

産前休業：産前6週間（多胎妊娠の場合は14週間）は、妊娠中の女性
が請求した場合、就業させてはならない。

産後休業：産後8週間は就業させてはならない。ただし、産後6週間
を経過した女性が請求した場合で、かつ医師が認めた業務
には就業させてもよい。

（4）育児時間

生後満1年に達しない生児を育てる女性が請求した場合、1日2回
各々少なくとも30分、その生児を育てるための時間（育児時間）を与え
なければならない。また、育児時間中の賃金については定めがないため、
当事者（使用者と労働者）間で決定するものであり、必ずしも有給とす
る必要はない。

➡ "生児を育てるための時間"とは、例えば乳児に授乳をする時間や
保育園の送迎の時間をいう。

育児時間が制定された当初は就業中の授乳時間を想定していたた
め、育児時間を請求できるのは女性のみである。

（5）その他

❶ 生理休暇

生理日の就業が著しく困難な女性が休暇を請求した時は、その者を生
理日に就業させてはならない。

❷ 業務の転換

　妊娠中の女性が請求した場合においては、**管理監督者等を含め**、他の軽易な業務に転換させなければならない。

4 就業規則

(1)就業規則

　使用者が労働者との労働関係を規定し、労働条件や職場規律に関するルールを明確にしたものをいう。

　常時10人以上の労働者を使用する事業場において作成し、労働基準監督署長に届け出なければならない。

(2)就業規則の内容

❶ **絶対的必要記載事項：いかなる場合でも就業規則に必ず記載しなければならない事項（ア～ウ）。**

　➡労働時間や賃金、退職に関する定め等がある。定めがないと労働者が働けないような重要な決めごとであるため、まだ定めがないのなら新しく作成して記載する。

❷ **相対的必要記載事項：定めをおく場合には就業規則に必ず記載しなければならない事項（エ～サ）。**

　➡退職手当や安全衛生に関する定め等がある。定めをおくかどうかは使用者の任意であるが、定めた場合には労働者に必ず周知すべき重要な決めごとであるため、就業規則に記載する必要がある。

❸ **任意的記載事項：その内容が法令または労働協約に反しないものであれば任意に記載することができる事項。**

　➡絶対的必要記載事項、相対的必要記載事項のいずれにも該当せず、定めをおいた場合に就業規則に記載するかどうかも使用者が任意に定めてよいもの。その就業規則の適用範囲や企業理念等が該当する。

参考 就業規則の内容詳細

ア. 始業及び終業の時刻、休憩時間、休日、休暇、交替制勤務がある場合は就業時転換に関する事項

イ. 賃金（臨時の賃金等を除く）の決定、計算及び支払いの方法、締切り及び支払いの時期、昇給に関する事項

ウ. 退職（解雇も含む）に関する事項

エ. 退職手当の定めをする場合、適用される労働者の範囲、退職手当の決定、計算及び支払いの方法、退職手当の支払いの時期に関する事項

オ. 臨時の賃金等（退職手当を除く）及び最低賃金額の定めをする場合には、これに関する事項

カ. 労働者に食費、作業用品、その他の負担をさせる定めをする場合においては、これに関する事項

キ. 安全、衛生に関する定めをする場合においては、これに関する事項

ク. 職業訓練に関する定めをする場合においては、これに関する事項

ケ. 災害補償及び業務外の傷病扶助に関する定めをする場合においては、これに関する事項

コ. 表彰及び制裁の定めをする場合においては、その種類及び程度に関する事項

サ. 以上のほか、当該事業場の労働者のすべてに適用される定めをする場合には、これに関する事項

> 就業規則は労働基準法において最低基準がすでに定められているため、労働基準法より悪い労働条件を定めることはできない。そのため労働者の同意までは必要がないことに注意！

（3）就業規則の作成・変更手続

就業規則の作成または変更の手続きとして、労働組合（または労働者の代表）の**意見**を聞き、意見書を添付して所轄労働基準監督署に届け出なければならない。

（4）就業規則の周知

　就業規則について、次のいずれかの方法によって、労働者に周知させなければならない。

① 常時各作業場の見やすい場所へ掲示し、または備え付けること。

② 書面を労働者に交付すること。

③ 磁気テープ、磁気ディスク等に記録し、かつ、各作業場に労働者が内容を常時確認できる機器を設置すること。

第 2 章

労働衛生

（有害業務に係るもの以外のもの）

1 衛生管理

（1）衛生管理の３管理

　衛生管理とは、事業場内に存在するあらゆる有害因子を取り除くことにより、職場における労働者の健康の保持と増進を目的とする様々な施策を実施することをいう。衛生管理には、作業環境管理、作業管理、健康管理の３管理がある。

図表 衛生管理の３管理

❶作業環境管理 有害因子を職場から除去する管理 室温を測る（測定） ↓ 室温が高い（評価） ↓ 室温を下げる（改善）	作業環境に存在するガス、粉じん等の有害物質や、騒音等の有害エネルギーによる健康障害を防止するため、有害物質や有害エネルギー（有害因子）を除去する工学的対策の実行管理を行う。作業環境管理においては、作業環境の「測定」により現状の有害因子を把握し、その有害因子によるリスクが許容範囲内であるかを「評価」し、その評価結果を踏まえて「改善」するといった3つの工程により、有害因子を可能な限り除去することが検討される。
❷作業管理 有害因子を少なくする管理。重い荷物を運ぶ作業は腰を痛めてしまう。でもこの作業自体をなくすことはできない。 ◎作業標準を策定し、重心を低くして荷物を持ちましょう。 　＝作業方法の改善 ◎適宜休憩をとりましょう・30分間交代制にしましょう。 　＝作業時間の管理	有害物質や有害エネルギー及び作業そのものによる身体的・精神的負荷（有害因子）による健康障害を防止するため、有害因子による影響を最小限に抑える作業内容や作業方法の改善、保護具の使用、作業時間等の適正化、労働者への教育の実施といった管理的施策の実行管理を行う。作業管理においては、作業そのものをなくさない限りは有害因子を完全除去することが難しいため、有害因子による影響を可能な限り低減させることが検討される。
❸健康管理 労働者の健康の保持、増進を図る管理	有害因子により労働者に健康障害が発生または増悪していないかを確認し、当該労働者の健康状態において作業環境や作業に適応できるかを評価して適正配置を行う施策や、健康の保持増進対策を行うことにより労働者の健康の維持向上を図るための施策の実行管理を行う。労働者の就業適性を確保し、生産性を維持・向上させることが目的となる。

1 温熱環境

（1）温熱環境要素

　暑い・寒いなどの温度感覚を左右する条件は、気温、湿度、気流および輻射（放射）熱の４つの要素によって決まる。

　温熱環境要素を測るための指標は次の通りである。

> 気流とは風の流れのこと。輻射（放射）熱とはストーブから広がる熱のような、温度が高い物体が電磁波を出して周りに伝わった熱のこと。

図表 温熱環境要素の指標

	温度 （気温）	湿度 （湿球温度）	気流	輻射熱 （放射熱）
実効温度（感覚温度）	○	○	○	×
修正実効温度	○	○	○	○
アスマン通風乾湿計	○	○	×	×
不快指数	○	○	×	×
相対湿度	○	○	×	×

試験ではこう出る！

　それぞれの指標に対し、次のような誤りを出題してくる。
〈誤りのパターン〉
×実効温度は、人の温熱感に基礎を置いた指標で、気温、湿度、気流及び輻射熱の総合効果を温度目盛りで表したものである。
正しくは➡実効温度は「温度・湿度・気流」の３つで表す。

×温度感覚を左右する環境条件は、気温、湿度及び輻射（放射）熱の３つの要素で決まる。
正しくは➡温度感覚は、気温、湿度、気流および輻射（放射）熱の４つの要素によって決まる。

（2）WBGT

❶ WBGT（湿球黒球温度）

WBGT（湿球黒球温度）とは、労働環境において作業者が受ける暑熱環境による熱ストレスの評価を行うための簡便な指標（熱中症のリスク評価指標）である。

> 蒸し暑さを表したもの。
> 熱中症のなりやすさの判断に使用する。

（屋外で太陽照射がある場合）

WBGT ＝ 0.7 × 自然湿球温度 ＋ 0.2 × 黒球温度 ＋ 0.1 × 乾球温度（気温）

（屋内又は屋外で太陽照射がない場合）

WBGT ＝ 0.7 × 自然湿球温度 ＋ 0.3 × 黒球温度

＼ **試験**ではこう出る！ ／

WBGT値を求める式に関する出題は主に2つに分けられる。

ⅰ）**数字の穴埋め問題**

次の語呂合わせで覚えてしまおう。

語呂合わせ

暑いのに	なにぃ〜!?	七味か	汗が出る
0.7	0.2 0.1	0.7	0.3

ⅱ）**語句に関する問題**

「自然湿球温度」「黒球温度」「乾球温度（気温）」といった語句は、公式の穴埋め問題のほかに、次のように出題される。

〈誤りのパターン〉

✕屋外で太陽照射がない場合のWBGTは、乾球温度と黒球温度から求められる。

正しくは➡屋内の場合および屋外で太陽照射のない場合は、WBGT値は自然湿球温度および黒球温度の値から算出される。

語呂合わせを使って、屋外で太陽照射がある場合の語句の順番を覚えてしまおう。

語呂合わせ

暑い日は　外がしつこく　乾いている

屋外＝自然湿球温度＋黒球温度＋乾球温度

❷ WBGT 基準値

WBGT 基準値とは、熱中症予防のため、身体作業強度（代謝レベル）に応じて設定された WBGT 値の目安のことである。WBGT が WBGT 基準値を超えると熱中症のリスクが高まる。

> WBGT ＞ WBGT基準値 → 熱中症リスク大
> WBGT ＜ WBGT基準値 → 熱中症リスク小

WBGT基準値の参考：

階段を昇る	20℃〜 25℃
重量物の運搬	23℃〜 26℃
ただ座っている	32℃〜 33℃

このように、「階段を昇る」や「重量物の運搬」などの身体に対する**負荷が大きな作業の方**が、「ただ座っている」などの身体の**負荷が小さい作業よりも小さな値**になる。つまり、身体に対する負荷が大きな作業のほうが、WBGT が低い場合でも熱中症になりやすいことがわかる。

また、体が暑さに慣れていない状態のときには、熱中症になりやすい。暑い日が続き、次第に体が暑さに慣れる（暑熱順化）ことで、熱に強くなる。

よって、**暑さに慣れている者（暑熱順化者）に用いる値の方**が、暑さに慣れていない者（暑熱非順化者）に用いる値より**大きな値**となる。

2 視環境

（1）照明の種類

照明は、「照らす範囲」と「照らす方法」によって分けられる。

■「照らす範囲」の分類

①全般照明

室内全体を照らすもの。　例）広範囲を照らす天井照明

②局所照明（局部照明）

手元等部分的に照らすもの。　例）デスクライト、懐中電灯

■「照らす方法」の分類

①直接照明

光源からの光を直接あてる方法。　例）裸電球、ろうそくの火

②半間接照明

光源から出る光をカバーを通して利用する方法。　例）行燈、提灯

③間接照明

光を天井や壁等に反射させて照らす方法。

（2）照明・彩色の留意点

①全般照明による作業室全体の明るさは、局所照明による作業面局所の明るさの1/10以上が望ましい。

②作業の種類に関係なく、作業面には適度な影が望ましい。

③光の色は、通常の作業では白色光を用いる。

④**眼の高さ以下**はまぶしさを防ぐために**濁色**とし、**眼の高さより上**は照明効果を高めるために**明るい色（白色等）**とする。

⑤室内の彩色で、明度を高くすると光の反射率が高くなり照度を上げる効果があるが、彩度を高くしすぎると交感神経の緊張を招きやすく、長時間にわたる場合は疲労を招きやすい。

⑥高齢者は若年者に比べて、一般に高い照度が必要になるが、水晶体の混濁が進むと眩しさを感じやすくなるため注意する。

⑦照度の単位はルクスである。

　1ルクスは**1カンデラ**の光源から**1m**離れたところの直角の面の照度をさす。

⑧前方から明かりをとるとき、眼と光源を結ぶ線と視線が作る角度は、光が直接眼に入らないように**30°以上**となるように光源の位置を決める。

図表 **眼と光源の角度**

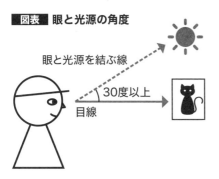

眼と光源を結ぶ線

30度以上

目線

1 食中毒

（1）細菌性食中毒

図表 細菌性食中毒

		細菌名	特徴
感染型		腸炎ビブリオ	病原性好塩菌とも呼ばれる。熱に弱い。
		サルモネラ菌	熱に不安定。動物の糞や卵が原因となる。
		ウェルシュ菌	汚染された肉類・魚類等の蛋白質が主な原因。エンテロトキシン*を産生する。
		カンピロバクター	汚染された鶏肉や牛肉、飲料水等が主な原因。
毒素型	食品内	黄色ブドウ球菌	汚染された加工食品が主な原因。熱に強いエンテロトキシン*を産生する。
		ボツリヌス菌	缶詰や真空包装食品の酸素が含まれない食品中で増殖する嫌気性菌。熱に強い。神経毒を産生し、致死率が高い。
	生体内	O-157 （病原性大腸菌）	腸管出血性大腸菌ともいう。菌に汚染された食肉や野菜等が主な原因。赤痢菌と類似の毒素であるベロ毒素を産生する。
		セレウス菌	米や小麦を原料とする食品が主な原因。熱に強いエンテロトキシン*を産生する。

＊エンテロトキシンとは、腸管に作用して生体に異常反応を引き起こす毒性のある蛋白質のこと。

❶**感染型**：食物に付着した細菌そのものの感染によって起こる。

❷**毒素型**：食物に付着した細菌が増殖する際に産生した毒素によって起こる。

＼**試験**ではこう出る！

　細菌性食中毒の問題では、それぞれの細菌が感染型か毒素型のどちらであるか、または、それぞれの特徴について出題されることが多い。細菌の名前と表の赤字部分のキーワードを合わせて覚えよう。

（2）ウイルス性食中毒

❶ ノロウイルス

　食品に付着したウイルス等が人間の小腸で増殖する。潜伏期間は１〜２日で冬季に流行する。

　症状は、吐き気・嘔吐・下痢。効果的な消毒方法として、高温加熱による殺菌、長時間の煮沸消毒、塩素系消毒剤による消毒がある。

（3）その他の食中毒

❶**自然性食中毒**：テトロドトキシン（ふぐ毒）、貝毒、毒きのこ、トリカブト　等

❷**化学性食中毒**：砒素、ヒスタミン、農薬　等

※ヒスタミンは、赤身魚やチーズ等に含まれているヒスチジンから細菌の働きにより合成される。加熱によっても分解されない。

2 感染症

（1）感染症の特徴

❶ 感染の成立

ア．身の回りに住む微生物等が病気を起こす力を病原性と呼び、病原性が人間の抵抗力よりも強くなった場合に感染が成立する。

イ．症状が現れるまでの者は、キャリア（保菌者）と呼ばれ、感染したことに気が付かずに病原体をばらまく感染源になることがある。

ウ．日和見感染：人間の抵抗力が非常に弱い場合に、普段、多くの人には感染しない菌によって病気を発症すること。

エ．不顕性感染：感染が成立したものの、症状が現れない状態が継続すること。

❷ 感染経路

ア．接触感染：直接、感染源と接触することによって感染する。
　　　　　　　※はしか、水ぼうそうなどは接触感染が生じやすい。

イ．飛沫感染：感染源の人が咳やくしゃみをして、唾液に混じった微生物が飛散して感染する。
　　　　　　　飛沫は空気中に浮遊し続けることはない。
　　　　　　　※代表例はインフルエンザ、普通感冒（風邪）など。

ウ．空気感染：微生物を含む飛沫の水分が蒸発し、5μm以下の小粒子として長時間空気中に浮遊して感染する。
　　　　　　　※結核、はしか、水ぼうそうなどは空気感染することがある。

（2）様々な感染症

❶インフルエンザ：Ａ型・Ｂ型・Ｃ型があるが、流行するのはＡ型と
Ｂ型である。

❷結核：初期には風邪のような症状がみられるが、２週間以上咳や痰、
微熱や倦怠感がある。

❸風しん：発熱、発疹、リンパ節腫脹を特徴とするウイルス性発疹症
で、免疫のない女性が妊娠初期に風しんにかかると、胎児
に感染し出生児が先天性風しん症候群（ＣＲＳ）となる危
険性がある。

1 情報機器作業における労働衛生管理のためのガイドライン

（1）情報機器作業とは

　パソコンやタブレット端末等の情報機器を使用して、データの入力・検索・照合等、文章・画像等の作成・編集・修正等、プログラミング、監視等を行う作業をいう。

（2）作業環境管理

①情報機器作業では、キーボード上、書類上を照らす照度は**300ルクス以上**とすること。

②情報機器作業を行う場合、ディスプレイ画面と眼の距離を**40㎝以上**とし、ディスプレイ画面の上端は、眼の高さとほぼ同じか、やや下になる高さにする。字の高さ（フォントサイズ）は**3㎜以上**とする。

③グレア（まぶしさ）を防ぐため、照明は**間接照明**等を用いる等、有効な措置を講じる。

> 作業休止時間とは、清掃やファイリング等を行い、情報機器から離れる時間のこと。

（3）作業管理

①情報機器作業の一連続作業時間は**1時間**を超えてはならない。

②次の連続作業時間までの間に**10～15分**の作業休止時間を設ける。さらに一連続作業時間内においても**1～2回**程度の小休止を設ける。

（4）健康管理

①情報機器作業に従事する労働者に対しては、特別の項目についての健康診断（特殊健康診断）を実施する。

〈検診項目〉

既往歴及び業務歴の調査、自覚症状の有無の調査、眼科学的検査（視力検査）、筋骨格系に関する検査（上肢の運動機能検査など）

②情報機器作業における特殊健康診断は一般定期健康診断と併せて実施してもよい。

③1日の情報機器作業の作業時間が4時間未満である労働者等については、自覚症状を訴える者のみ、特殊健康診断の対象になる。

＼**試験**ではこう出る！／

情報機器作業に従事している労働者に対して行う特殊健康診断の項目に含まれないものが問われる。

〈誤りのパターン〉

✕情報機器作業における特殊健康診断において、「下肢の運動機能の検査」を実施している。

正しくは➡「上肢のエックス線検査」、「下肢の運動機能検査」は含まれない。

2 脳・心臓疾患

業務による過重な負荷が原因で脳・心臓疾患を発症する場合がある。
これらは過労死等として社会的な問題となっている。

（1）脳疾患（脳血管障害）

図表 脳疾患（脳血管障害）

出血性病変	脳出血	・脳実質内で出血し発症 ・頭痛、嘔吐、意識障害等の症状
	くも膜下出血	・脳表面のくも膜下腔で出血すると、**ただちに発症** ・ハンマーで叩かれたような急激で激しい頭痛等の症状
虚血性病変 （脳梗塞）	脳血栓症	・脳血管自体の動脈硬化により、血栓が形成され、脳血管が閉塞され発症 ・主な症状に、半身の運動麻痺や感覚障害、言語障害（失語症等）、視野の障害等がみられる
	脳塞栓症	・心臓や動脈壁の**血栓が剥がれ**、脳血管に至り、脳血管が閉塞され発症 ・脳血栓症とほぼ同様の症状

出血性病変は脳の血管から出血している状態
虚血性病変（脳梗塞）は脳の血管が詰まっている状態

（2）心臓疾患

図表 心臓疾患

虚血性心疾患	狭心症	・**冠状動脈（冠動脈）**が動脈硬化により狭くなることが原因 ・数分以内（長くとも15分以内）の激しい胸の痛み、呼吸困難等の症状 ・心筋は懐死していない、**可逆性**な障害
	心筋梗塞	・**冠状動脈（冠動脈）**の一部が動脈硬化により完全に詰まってしまうことが原因 ・狭心症とほぼ同様の症状が**15分以上**（長い場合は1時間以上）継続 ・一部の心筋が懐死している、**不可逆的**な障害

どれぐらい具合が悪いのかの違い。
狭心症は血管が狭くなっている状態。わずかだが血液は流れるので心筋は壊死しない。治る見込みがある（可逆的）。
心筋梗塞は完全に詰まっている状態。血液は流れないので心筋は壊死してしまう。壊死した心筋は自然に治ることがない（不可逆的）。

\ **試験**ではこう出る！ /

・脳疾患では脳血栓症と脳塞栓症の説明を入れ替えて出題してくる。
　赤字のキーワードを使用して脳血栓症と脳塞栓症の見分けがつくようにしよう。
・心臓疾患では狭心症と心筋梗塞の原因となる血管の名前（冠状動脈）が出題される。
　また狭心症と心筋梗塞の説明を入れ替えて出題してくることもある。
　特に症状の持続時間が違うことに注意する。

1 事務所等の作業環境管理

（1）空気の組成等

　空気（吸気（人間が吸う空気））の組成及び人間の呼気（吐いた空気）の成分は次の通りである。

■**大気中の主な成分（吸気成分）**
- 窒素　約79%
- 酸素　約21%
- 二酸化炭素　0.03〜0.04%程度

■**呼気成分**
- 酸素　約16%
- 二酸化炭素　約4%

（2）事務所の換気

❶ 必要換気量

　労働衛生上、事務所内において通常入れ替える必要のある空気の量を**必要換気量**という。

　換気の指標として二酸化炭素濃度が用いられ、次の式により算出される。

$$必要換気量(\text{m}^3/\text{h}) = \frac{室内にいる人が1時間に呼出する二酸化炭素量(\text{m}^3/\text{h})}{（室内の二酸化炭素基準濃度）－（外気の二酸化炭素濃度）}$$

※分母の単位が「%」の場合は100倍、「ppm」の場合は1,000,000倍する。

❷ 二酸化炭素基準濃度

　建築物環境衛生管理基準により定められた、室内の衛生環境を適正に保つための二酸化炭素濃度であり、**1,000ppm（0.1%）**となる。

　必要換気量に関する出題パターンは主に３つに分けられる。特に第2種の試験においては頻出のため、確実に覚えよう。

ⅰ）二酸化炭素基準濃度等を問う問題

　二酸化炭素に関連する数値自体が問われるため、数値を覚える必要がある。

例：外気や呼気の成分中の二酸化炭素濃度、室内二酸化炭素基準濃度等

ⅱ）必要換気量の公式を問う問題

　必要換気量の公式が穴埋め問題で出題されるため、公式を覚える必要がある。

ⅲ）必要換気量の計算問題

　室内にいる人が1時間に呼出する二酸化炭素量等の数値が条件として与えられ、公式に当てはめて計算する必要がある。

例：次の条件で、二酸化炭素濃度を1,000ppm以下に保つために最小限必要な換気量（㎥/h）を求める場合。

> 室内の二酸化炭素基準濃度は実際の問題ではこのように表現される。

（条件）
- 事務室内の在室者数：26人
- 在室者が在室者が呼出する二酸化炭素量：1人当たり0.018㎥/h
- 外気の二酸化炭素濃度：300ppm

> 在室者の人数×1人当たりの呼出する二酸化炭素量で求める！

■計算方法

①公式に数を代入する。

$$必要換気量（㎥/h）= \frac{室内にいる人が1時間に呼出する二酸化炭素量（㎥/h）}{（室内の二酸化炭素基準濃度）-（外気の二酸化炭素濃度）}$$

$$= \frac{26人 \times 0.018㎥/h}{1,000ppm - 300ppm} \times 1,000,000$$

②計算する。

$$必要換気量（㎥/h）= \frac{0.468}{700} \times 1,000,000$$

$$= 668.57\cdots$$

$$≒ 670㎥/h$$

> 二酸化炭素濃度が「ppm」であるから×1,000,000する。

2 作業管理

(1)代謝の仕組み

❶ 代謝とは

代謝：炭水化物等の栄養素が消化器により消化・吸収され、生きていくために必要な物質を生成すること及びその物質を分解してエネルギーを得ることをいう。また、この時のエネルギーの転換・授受を**エネルギー代謝**という。

基礎代謝量：人間が生命を維持するために最低限必要とされるエネルギー代謝量であり、**覚醒・横臥・安静**時の消費エネルギーを指す。1日当たりの基礎代謝量は男性約 1,500kcal、女性約 1,150kcal であり、性別のほか年齢や体格といった各種条件によって**人によって異なる**。

特に、同性、同年齢であれば**体表面積に正比例**する。

❷ エネルギー代謝率

エネルギー代謝率とは、**作業に要するエネルギーが基礎代謝量の何倍に当たるか**を示す数値である。

作業管理においては、作業の強度（きつさ）を把握して作業方法等を見直すことが求められるが、作業の強度（きつさ）は人によって感じ方が異なることから客観的な把握が難しい。エネルギー代謝率は、体格や性別といった個人差による要素が除かれ、**作業を行う労働者が異なっても同じ作業であれば理論的には同じ値となる**ことから、作業の強度（きつさ）の把握や比較が可能となる。特に、**動的筋作業（身体を動かす仕事）の強度の評価**に用いられるが、精神的作業、静的筋作業（身体をあまり動かさない作業）の強度評価には適さない。

　次のような誤りの選択肢がよく出題される。なお、代謝に関する問題は労働生理においても出題される可能性がある。

〈誤りのパターン〉

✕基礎代謝量は<u>睡眠時</u>の消費エネルギーである。

正しくは➡覚醒・横臥・安静時の消費エネルギーである。

✕エネルギー代謝率とは、<u>一定時間中に体内で消費された酸素と排出された二酸化炭素の容積比</u>である。

正しくは➡作業に要するエネルギーが基礎代謝量の何倍に当たるかを示す数値である。

✕基礎代謝量は、<u>男女差がない</u>。

正しくは➡基礎代謝量は性別のほか年齢や体格といった各種条件によって人によって異なる。

✕エネルギー代謝率は、<u>人によって異なる値</u>となる。

正しくは➡エネルギー代謝率は作業を行う労働者が異なっても同じ作業であれば理論的には同じ値となる。

1 健康管理

（1）健康管理とは

　労働者の健康の保持増進、また労働者の職業適応能力の向上を図ることを目的として、さまざまな措置を講じていくことである。

（2）健康診断と健康測定

図表 健康診断と健康測定

	目的	標的	実施
健康診断	疾病の早期発見・予防	有所見者　等	義務
健康測定	健康保持増進	特定の慢性的な疾病を抱えていない者	任意

　健康診断とは、疾病の早期発見や予防のために有所見者（異常の所見がある者）や有所見の疑いがある者を発見するもの。実施が法令で義務付けられている。

　健康測定とは、特定の慢性的な疾病を抱えていない者の**健康の保持や増進のため**に行うもので、実施については任意である。

2 健康測定

（1）健康測定

　労働者が自らの健康状態について正確な知識を持ち、自発的に健康づくりを行うことを目的とする調査や測定のこと。

　疾病の早期発見に重点をおいた健康診断を活用しつつ、追加で生活状況調査、問診・診察、医学的検査、運動機能検査を実施する。

❶ 生活状況調査

　通勤状況、趣味、嗜好品等の生活状況についての聞き取り調査。

　調査結果は健康指導のための基礎資料とする。

❷ 医学的検査

　健康状態を身体能力面から検査する。

　健康診断では行わない心拍数や肺活量、**尿酸の検査**などを行う。

> 尿酸の検査は血液検査によって行われる。

❸ 運動機能検査

　健康状態を運動能力面から検査する。

図表 運動機能検査

検査項目	検査種目	
筋力	握力	等
筋持久力	上体起こし	等
柔軟性	立位体前屈	等
敏捷性	全身反応時間	等
平衡性	閉眼片足立ち	等
全身持久力	20mシャトルラン	等

＼**試験**ではこう出る！／

　検査項目と検査種目の組合せが出題される。特に「柔軟性」「全身持久力」を違う検査種目を組み合せて出題されるため、正しいものを覚えてしまおう。

（2）健康指導

　産業医等が中心となって健康測定を行い、その結果に基づき各労働者の健康状態に応じた必要な指導を決定する。運動指導、メンタルヘルスケア、栄養指導、保健指導（睡眠、喫煙、飲酒、口腔保健等）等の健康指導を行う。

（3）事業場における労働者の健康保持増進のための指針

　健康保持増進措置は、主に生活習慣上の課題を有する労働者の健康状態の改善を目指すために個々の労働者に対して実施するものと、事業場全体の健康状態の改善や健康保持増進に係る取組の活性化等、生活習慣上の課題の有無に関わらず労働者を集団として捉えて実施するものがある。

　健康保持増進対策の推進に当たっては、事業者が労働者等の意見を聞きつつ事業場の実態に即した取組を行うため、労使、産業医、衛生管理者等で構成される衛生委員会等を活用する。

❶ 健康保持増進方針の表明

　事業場における労働者の健康の保持増進を図るための基本的な考え方を示すもの。事業者自らが事業場における健康保持増進を積極的に支援することや、健康保持増進措置を適切に実施すること等が含まれる。

❷ 健康保持増進計画

　健康保持増進目標を達成するための計画。

　具体的な実施事項、日程等について定めるものであり、健康保持増進措置の内容及び実施時期に関する事項、健康保持増進計画の期間に関する事項、健康保持増進計画の実施状況の評価及び計画の見直しに関する事項を含める。

❸ 体制の確立

事業者は、次に掲げるスタッフや事業場外資源等を活用し、健康保持増進対策の実施体制を整備し、確立する。

ア．事業場内の推進スタッフ

産業医等、衛生管理者等及び事業場内の保健師等及び人事労務管理スタッフ等。労働者に対して運動プログラムを作成し、運動実践を行うに当たっての指導を行うことができる者、労働者に対してメンタルヘルスケアを行うことができる者等の専門スタッフ。

イ．事業場外資源

事業場外で健康保持増進に関する支援を行う外部機関や地域資源及び専門家。

例：労働衛生機関やスポーツクラブ等の健康保持増進に関する支援を行う機関、医療保険者等

❹ 留意事項

ア．客観的な数値の活用

健康保持増進に関する課題の把握や目標の設定等においては、労働者の健康状態等を客観的に把握できる数値を活用することが望ましい。

イ．記録の保存

事業者は、健康保持増進措置の実施の事務に従事した者の中から、担当者を指名し、当該担当者に健康測定の結果、運動指導の内容等健康保持増進措置に関する記録を保存及び管理させることが適切である。

1 労働衛生管理統計

事業場の労働衛生管理の状況を把握し、問題点を明らかにするために統計が使用される。

統計を用いることで事業場の現状や動向を把握するほか、厚生労働省の公表する統計等と比較することにより、事業場の労働衛生管理の水準を評価することができる。

（1）疾病休業に関する統計

試験では次の4つについて出題される。

図表 疾病休業統計まとめ

❶ 疾病休業日数率 ➡ $\dfrac{\text{疾病休業延日数}}{\text{在籍労働者の延所定労働日数}} \times 100$

❷ 疾病休業年千人率（病休件数年千人率）➡ $\dfrac{\text{疾病休業件数}}{\text{在籍労働者数}} \times 1{,}000$

❸ 病休度数率 ➡ $\dfrac{\text{疾病休業件数}}{\text{在籍労働者の延実労働時間数}} \times 1{,}000{,}000$

❹ 病休強度率 ➡ $\dfrac{\text{疾病休業延日数}}{\text{在籍労働者の延実労働時間数}} \times 1{,}000$

❶ 疾病休業日数率

在籍している労働者が所定労働日数100日間に対して、病気により休業した日数が何日間にあたるかを示すもの。

❷ 疾病休業年千人率（病休件数年千人率）

1年間のうち、在籍労働者1,000人に対して、病気により休業した件数が何件あったのかを示すもの。

❸ 病休度数率

在籍労働者の実労働時間数 100 万時間に対して、病気により休業した件数が何件あったのかを示すもの。健康障害発生の頻度を表す。

❹ 病休強度率

在籍労働者の実労働時間 1,000 時間に対して、病気により休業した日数が何日間にあたるかを示すもの。健康障害発生時の病気の重さの程度を表す。

※疾病休業件数には負傷後、続発した疾病数も含める。
※延実労働時間数には時間外や、休日における労働時間も含める。

\ **試験**ではこう出る！/

　試験ではそれぞれの公式の意味を問う問題、公式の穴埋め問題、計算問題の3パターンで出題される。

　公式の意味を問う問題にも公式の言葉がそのまま使用されているため、公式をしっかり覚えよう。

2 統計管理

（1）統計に関する用語

❶ 偽陽性率

疾病なしの者をスクリーニング検査で陽性と判定する率。

$$偽陽性率＝\frac{精密検査で疾病なしと判定された者のうち スクリーニング検査で陽性と判定された者の人数}{精密検査で疾病なしと判定された者の人数}$$

図表 偽陽性率

	スクリーニング検査の結果	
	陽性	陰性
精密検査の結果 疾病なし	👤👤	👤👤👤👤👤

偽陽性率

❷ 偽陰性率

疾病ありの者をスクリーニング検査で陰性と判定する率。

$$偽陰性率＝\frac{精密検査で疾病ありと判定された者のうち スクリーニング検査で陰性と判定された者の人数}{精密検査で疾病ありと判定された者の人数}$$

図表 偽陰性率

	スクリーニング検査の結果		
	陽性		陰性
精密検査の結果 疾病あり	👤👤👤👤👤👤		👤

偽陰性率

❸ スクリーニング検査

特定の疾患あるいは特定の身体上の異常を発見するために、正常か有所見かをふるい分ける検査のこと。労働衛生管理では一般健康診断や特殊健康診断が該当する。

❹ スクリーニングレベル

正常と有所見を判定するための値。

（2）労働衛生管理における特徴

労働衛生管理においては、ある検査（健康診断など）を行った際、検査では有所見（疾病あり）だったが、再検査や精密検査では異常なしと診断されることも多い。

労働衛生管理ではスクリーニングレベルを**低く**設定するため、**偽陽性率**が**高く**なる傾向がある。

図表 スクリーニングレベルと偽陽性率の関係

Aさん　　Bさん

健康なAさんと
自分の病気に気づいていないBさん。

本来の値　スクリーニング　　検査の値
　　　　　　レベル

陽性
陰性

　　A　　B

Aさんは所見なし（陰性）
Bさんは所見あり（陽性）

健康診断

何らかの理由によりBさんに少し低い値が出てしまうと、陰性となり精密検査に進めず、本来病気であったとしても気づけなくなってしまう。

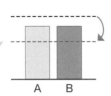

　　A　　B

スクリーニングレベルを低くすると、本来疾病なしのAさんも陽性と判定される
＝偽陽性率が高くなる。

スクリーニングレベルを低くすると、偶然低い値の人も陽性となる！

（3）データの分析

①労働衛生管理統計では、生体から得られたある指標が正規分布という型をとって分布する場合、そのばらつきの程度は**分散**や**標準偏差**（分散の平方根）で表される。

参考 **正規分布のグラフ**

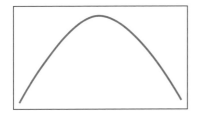

正規分布：左右対称・釣り鐘型の性質をもつ
　　　　　分布として代表的なもの
分散：データの散らばりの度合いを表す値

> 複数のサイコロを何回も投げて出た目の合計の分布や、大規模な模試の点数分布など。

②健康診断には、計数データと計量データが存在する。

➡**計数データ**：対象人数や受診者数など個数を数えることができるデータ

　計量データ：体重や身長、摂取カロリーなどの量に関するデータ

③異なる集団の平均値が同じでも分散が異なっていたら、異なった特徴を持つ集団であると評価される。

➡グラフで表したときに平均値が同じでもグラフの形が異なることはよくある。分散（データの散らばり方）が異なっている場合、データの特徴も異なる。

④ある事象と健康事象において相関関係が認められていても因果関係が成り立たない場合もある。

　相関：片方の値が変化すれば、もう片方の値も変化する関係のこと。

➡Aが増えればBも増えたり、Aが増えるとBは減る関係。

　因果：2つ以上のものの間に原因と結果の関係があると言い切れる関係のこと。

➡Aという原因があって、Bという結果が起こる。

3 有所見率と発生率

（1）有所見率

　ある時点（例：健康診断の日）における検査の有所見者の割合。

（2）発生率

　一定の期間（例：前回の健康診断日から今回の健康診断日）に、発生
した有所見者の割合。

※有所見率のようなある時点での集団のデータを静態データと呼び、発生率のような一定の
　期間の集団のデータを動態データと呼ぶ。

第2章

労働衛生（有害業務に係るもの以外のもの）

1 労働者の心の健康の 保持増進のための指針 （メンタルヘルスケアについての指針）

（1）心の健康づくり計画

　様々な要因がストレスの原因となり得るため、個人のセルフケアだけでなく、職場環境の改善も必要である。事業者はメンタルヘルスケアを推進し、組織的な対策を実施する。

❶事業者は、自らがストレスチェック制度を含めた事業場におけるメンタルヘルスケアを積極的に推進することを表明する。

❷衛生委員会等において**十分調査審議を行う。**

　「心の健康づくり計画」やストレスチェック制度の実施方法等に関する規程を策定する。

❸3つの予防が円滑に行われるようにする。

　「一次予防」：メンタルヘルス不調となることを**未然に防止**する。

　「二次予防」：メンタルヘルス不調を早期に発見し、適切な対応を行う。

　「三次予防」：メンタルヘルス不調となった労働者の職場復帰を支援する。

（2）「4つのケア」の推進

　メンタルヘルスケアは、「4つのケア」が継続的かつ計画的に行われることが重要である。

❶ 労働者自身による「**セルフケア**」

❷ 管理監督者による「**ラインによるケア**」

❸ 事業場内の健康管理担当者による「**事業場内産業保健スタッフ等によるケア**」

❹ 事業場外の専門家による「**事業場外資源によるケア**」

（3）メンタルヘルスケアを推進するにあたっての留意事項

❶ 心の健康問題の特性

　心の健康については、客観的な測定方法が十分確立しておらず、また、心の健康問題の発生過程には個人差が大きく、そのプロセスの把握が難しいという特性がある。

❷ 労働者の個人情報の保護への配慮

　健康情報の取り扱いについては、労働者の個人情報を本人以外の主治医や家族から取得する際には、あらかじめ**本人の同意を得る**。

❸ 人事労務管理との関係

　労働者の心の健康は、職場配置、人事異動、職場の組織等の要因によって影響を受けるため、メンタルヘルスケアは、人事労務管理と連携しなければ、適切に進まない場合が多い。

❹ 家庭・個人生活等の職場以外の問題

　労働者の心の健康は、職場のストレス要因のみならず、家庭・個人生活等の職場外のストレス要因の影響を受けている場合も多い。

2 職場における腰痛予防対策指針

※本指針における「腰痛」には、単に腰部の痛みだけでなく、臀部から大腿部、膝関節を越えて下腿部から足背部、足底部にわたる痛みやしびれを含む。

（1）作業姿勢・動作

労働者に対し、適切な姿勢、動作で作業を行うようにさせる。

例：持ち上げる、引く、押す等の動作は、重心を低くし、**膝を軽く曲げ**、呼吸を整え、下腹部に力を入れながら行うこと

（2）作業標準（作業手順や作業人数、役割などを明記したもの）

作業時間、作業量、作業方法、使用機器等について作業標準を策定する。作業標準は、定期的及び対象者の状態が変わるたびに見直しを行う。

（3）人力による重量物の取扱い作業

①満18歳以上の**男性**労働者が人力のみにより取り扱う物の重量は、体重のおおむね**40%以下**となるように努める。満18歳以上の**女性**労働者では、男性が取り扱うことのできる重量の**60%位**までとする。

②重量物を取り扱うときは、急激な身体の移動をなくし、前屈やひねりなど不自然な姿勢はとらず、かつ身体の重心の移動を少なくする等、できるだけ腰部に負担をかけない姿勢で行う。

③取り扱うものの重量をできるだけ示し、著しく重心の偏っている荷物はその旨を明示する。

④腰部保護ベルトは、**一律に使用させるのではなく**、労働者ごとに効果を確認してから使用の適否を判断する。

⑤床面は、労働者の転倒、つまずきや滑り等を防止するために、できるだけ凹凸がなく、防滑性、弾力性、耐衝撃性及び耐へこみ性に優れているものが望ましい。床面が硬い場合は、立っているだけでも腰部に負担がかかるので、**クッション性のある靴やマットを利用して負担を減らすようにする**。

（4）腰痛の健康診断

重量物取扱い作業、介護・看護作業等腰部に著しい負担のかかる作業に常時従事する労働者に対しては、特別の項目についての健康診断（特殊健康診断）を実施する。

❶ 健診項目

既往歴及び業務歴の調査、自覚症状の有無の検査、脊柱の検査、神経学的検査、脊柱機能検査、医師が必要と認める者についての追加項目（例：画像診断、運動機能テスト等）。

\試験でこう出る！/

健診項目"ではないもの"が問われる。例えば「上肢のエックス線検査」や「下肢の運動機能検査」という腰痛の健診項目ではないものが出題されるが、腰痛予防のための検診であるため、「上肢（腕）のエックス線（レントゲン）検査」や、「下肢（足）の運動機能の検査」は不要である。

❷ 実施頻度

当該作業に配置する際及び配置後**6か月**以内ごとに1回、定期健康診断を実施する。

（5）腰痛予防体操

重量物取扱い作業、介護・看護作業等の腰部に著しい負担のかかる作業に常時従事する労働者に対し、適宜実施させる。

（6）腰痛の発生要因

要因の1つとして、職場の対人ストレス等の心理・社会的要因がある。

3 事業者が講ずべき快適な職場環境の形成のための措置に関する指針

　快適な職場環境の形成のために事業者が必要な措置を講ずるに当たり、次の4つの事項を十分考慮して行うことが望まれる。

❶継続的かつ計画的な取組
❷労働者の意見の反映
❸個人差への配慮
❹潤い（うるお）への配慮

試験ではこう出る！

　指針の事項として含まれないものが問われる。
　例えば「事業者の意向の反映」や「快適職場環境の基準値の達成」といった、指針には含まれていないものが出題される。
　職場環境の影響を最も受けるのは、その職場で働く労働者であるため、労働者の意見を反映する。年齢や性差等、作業環境や作業から受ける心身の負担には個人差があり、何らかの基準をすべて満たせばすべての人にとって等しく快適ということもないため、指針の中に基準値は設けられていない。

参考 「潤いへの配慮」とは？

　「潤い」というのは、「心の潤い」のことを指す。職場に効率性や機能性が求められることは言うまでもないが、同時に、労働者が一定の時間を過ごしてそこで働くものであることから、生活の場としての"潤い"を持たせ、緊張をほぐすように配慮することが望ましい。
　例：植物を配置する、絵を飾る　等。

4 職場における受動喫煙防止のためのガイドライン

（1）各種施設と対策

「**第1種施設**」：多数の者が利用する施設のうち、受動喫煙により健康を損なうおそれが高い者が主として利用する施設。

「**第2種施設**」：多数の者が利用する施設のうち、第一種施設および喫煙目的施設以外の施設。（個人の自宅やホテルなどの客室など、人の居住の用に供する場所は適用除外。）

「**喫煙目的施設**」：多数の者が利用する施設のうち、その施設を利用する者に対して、喫煙する場所を提供することを主たる目的とする施設。

図表 各種施設と対策

区分	対策
第1種施設 学校、児童福祉施設、病院、診療所、行政機関の庁舎など	原則敷地内禁煙 屋外で受動喫煙を防止するために必要な措置を取られた場所に、喫煙場所を設置することができる。
第2種施設 事務所、工場、ホテル・旅館、飲食店、旅客運送事業船舶・鉄道、国会・裁判所など	原則屋内禁煙 喫煙を認める場合、喫煙専用室などの設置といった「空間分煙」が必要である。
喫煙目的施設 公衆喫煙所、店内で喫煙可能なたばこ販売店、喫煙を主たる目的とするバーやスナックなど	施設内で喫煙可能

※屋外や家庭など：喫煙を行うときは、周囲の状況に配慮する。

屋内：外気の流入が妨げられる場所として、屋根がある建物であって、かつ、側壁が**おおむね半分**以上覆われているものの内部を指す。

屋外：「屋内」に該当しないもの。

（2）喫煙専用室

　事業者は、喫煙専用室を設置しようとするときは、次の事項を満たすこと。

　①技術的基準に適合すること。

　・喫煙専用室の出入口において、**室外から室内に流入する**空気の気流が 0.2m/s 以上であること。
　　※室外から室内に流入する空気の気流はおおむね3か月以内に1回、定期に測定すること。

四季による気温の変化等を考慮し、目安として各季節ごとに測定する。

　・たばこの煙が室内から室外に流出しないよう、壁、天井等によって区画されていること。

　・たばこの煙が屋外または外部の場所に排気されていること。

　②喫煙専用室の出入口の見やすい箇所に必要事項を記載した標識を掲示しなければならない。

　③喫煙専用室へ 20 歳未満の者を立ち入らせてはならない。
　　※喫煙専用室等の清掃作業等の業務を行う等喫煙することを目的としない場合でも、喫煙可能な場所には立入禁止。

　④喫煙専用室は、専ら喫煙をする用途で使用されるものであることから、喫煙専用室内で飲食等を行うことは認められない。

物を食べることも、飲み物を飲むことも両方禁止！

ポイント　労働基準監督署長への報告・届出に関する定めはない！

5 労働安全衛生マネジメントシステムに関する指針

（1）労働安全衛生マネジメントシステムとは

事業者が労働者の協力の下に「計画（Plan）－実施（Do）－評価（Check）－改善（Act）」（PDCA サイクル）という一連の過程を定めて、継続的な安全衛生管理を自主的に進める仕組みをいう。

労働災害の防止と労働者の健康増進、快適な職場環境を形成し、事業場の安全衛生水準の向上を図ることを目的としている。

図表 **労働安全衛生マネジメントシステム**

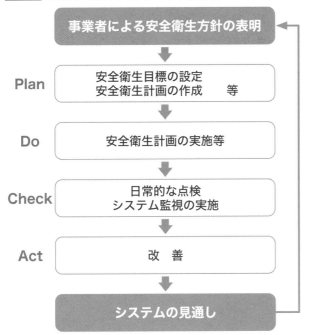

	事業者による安全衛生方針の表明
Plan	安全衛生目標の設定 安全衛生計画の作成　　　等
Do	安全衛生計画の実施等
Check	日常的な点検 システム監視の実施
Act	改　善
	システムの見通し

事業場において、次に掲げる事項を体系的かつ継続的に実施する安全衛生管理に係る一連の自主的活動に関する仕組みであって、生産管理等事業実施に係る管理と一体となって運用されるものをいう。

※機械、設備、化学物質等による危険または健康障害を防止するために事業者が講ずべき具体的な措置を定めるものではない。

ア．安全衛生方針の表明

　事業者は安全衛生方針を表明し、労働者及び関係請負人その他の関係者に周知させるものとする。

イ．危険性または有害性等の調査およびその結果に基づき講ずる措置

　事業者は危険性または有害性等の調査する手順を定め、この手順に基づき調査を行う。また、調査の結果に基づき労働者の危険または健康障害を防止するために必要な措置を決定する手順を定め、この手順に基づき実施する措置を決定する。

ウ．安全衛生目標の設定

　事業者は安全衛生方針に基づき、安全衛生目標を設定し、一定期間に達成すべき到達点を明らかにするとともに、労働者及び関係請負人その他の関係者に周知するものとする。

エ．安全衛生計画の作成、実施、評価および改善

　事業者は安全衛生目標を達成するために、事業場における危険性または有害性等の調査の結果等に基づき、一定の期間を限り、安全衛生計画を作成するものとする。

（2）システム監査

必ずしも外部監査を受ける必要はない！

　労働安全衛生マネジメントシステムに従って行う措置が適切に実施されているかどうかについて、安全衛生計画の期間を考慮して**事業者が行う調査及び評価**をいう。

6 高年齢労働者の安全と健康確保のためのガイドライン

（1）目的

　高年齢労働者が安心して安全に働ける環境づくりや労働災害の予防的観点から、高年齢労働者の健康づくりを推進するために、高年齢労働者を使用するまたは使用しようとする事業者及び労働者に取組が求められる事項を具体的に示し、高年齢労働者の労働災害を防止することを目的とする。

（2）事業者に求められる事項

❶ 安全衛生管理体制の確立等

ア．経営トップによる方針表明及び体制整備

　　高齢者労働災害防止対策に関する事項を盛り込んだ安全衛生方針を表明し、その方針に基づき、**高齢者労働災害防止対策に取り組む組織や担当者を指定する**等して、実施体制を明確にする。

イ．リスクアセスメントの実施

　　高年齢労働者の身体機能低下による労働災害リスクを評価するため、危険源を洗い出し、リスクの高さを考慮して対策の優先順位を検討する。

実施に伴っては、高年齢労働者の「フレイル」や「ロコモティブシンドローム」についても考慮する必要がある。

（a）フレイル

　加齢とともに、筋力や認知機能等の心身の活力が低下し、生活機能障害や要介護状態等の危険性が高くなった状態

（b）ロコモティブシンドローム

　年齢とともに骨や関節、筋肉等運動器の衰えが原因で「立つ」、「歩く」といった機能（移動機能）が低下している状態

❷ 職場環境の改善

　身体機能の低下を補う設備・装置の導入（ハード面）や高年齢労働者の特性を考慮した作業管理（ソフト面）等の職場環境の改善を行う。

　ハード面：作業場所の照度の確保、手すりを設ける等

　ソフト面：ゆとりのある作業スピード等に配慮した作業マニュアルの策定、注意力や集中力を必要とする作業について作業時間を考慮する等

❸ 高年齢労働者の健康や体力の状況の把握

　事業者、高年齢労働者双方が、高年齢労働者の体力の状況を客観的に把握し、その体力に合った作業に従事させるとともに、高年齢労働者が自らの身体機能の維持向上に取り組めるよう、主に高年齢労働者を対象とした体力チェックを継続的に行うことが望ましい。

　体力チェックの評価基準を設ける場合は、合理的な水準に設定し、職場環境の改善や高年齢労働者の体力の向上に取り組むことが必要である。

❹ 高年齢労働者の健康や体力の状況に応じた対応

　ア．個々の高年齢労働者の健康や体力の状況を踏まえた措置

　　　高年齢労働者については基礎疾患の罹患状況を踏まえ、労働時間の短縮や深夜業の回数の減少、作業の転換等の措置を講じる。

イ．高年齢労働者の状況に応じた業務の提供

　　個々の労働者の健康や体力の状況に応じて、安全と健康の点で
適合する業務を高年齢労働者とマッチングさせるよう努める。

ウ．心身両面にわたる健康保持増進措置

　　集団及び個々の高年齢労働者を対象として、身体機能の維持向
上のための取組を実施することが望ましい。また、身体機能の維
持向上と併せて、メンタルヘルス対策にも取り組むよう努める。

❺ 安全衛生教育

　労働安全衛生法で定める雇入時等の安全衛生教育、一定の危険有害業
務において必要となる技能講習や特別教育を確実に行う。

　高年齢労働者を対象とした教育においては、作業内容とそのリスクに
ついての理解を得やすくするため、**十分な時間をかける**。写真や図、映
像等の文字以外の情報も活用する。

　なかでも、再雇用や再就職等により経験のない業種や業務に従事する
場合には、特に丁寧な教育訓練を行う。

（3）労働者に求められる事項

　一人ひとりの労働者は、事業者が実施する取組に協力するとともに、
自己の健康を守るための努力の重要性を理解し、自らの健康づくりに積
極的に取り組むことが必要である。

　また、個々の労働者が身体機能の変化が労働災害リスクにつながり得
ることを理解し、実情に応じた取組を進めることが必要である。

1 一次救命処置

　一次救命処置とは、心肺蘇生、AED を用いた除細動、気道異物除去の 3 つを指す。迅速で適切な一次救命処置を行うことが傷病者の救命率を向上させる。

　衛生管理者試験では、心肺蘇生、AED を用いた除細動について出題される。

（1）心肺蘇生とAED

❶ 心肺蘇生

　心臓や呼吸が止まってしまった、またはこれに近い状態の傷病者に対して、呼吸及び血液循環の補助を行うものである。

❷ AED（Automated External Defibrillator）

　自動体外式除細動器といい、心臓に電気ショックを与えることで、心臓がけいれん（細動）した状態を取り除くために使用する。

（2）一次救命処置の手順

❶ 周囲の安全確認

　傷病者の周囲で救命処置を行うことができるか安全を確認する。

❷ 反応を確認

　「大丈夫ですか」と声をかけながら、肩を軽くたたく。反応がない場合は、❸へ進む。

　反応があった場合には回復体位（気道を確保し、嘔吐による誤嚥を防ぐ体勢）をとらせ安静にし、経過を観察する。

❸ 応援の要請、119番通報、AED依頼

　一次救命処置は、なるべく１人で行うことを避けるべきである。大声で周囲に呼びかけ、協力者を求める。

　協力者が到着したら、119番通報とAEDの手配を依頼する。

❹ 呼吸の確認

　胸部と腹部が上下に動いているかを目視で確認する（**10秒以内**）。

　呼吸がない、または死戦期呼吸（しゃくりあげるような不規則な呼吸）が認められる場合、もしくは呼吸の有無の判断に自信が持てない場合は**❺**へ進む。

　呼吸がある場合は気道の確保を行い、呼吸の観察を継続し、応援・救急隊を待つ。

❺ 胸骨圧迫の実施

　ア．胸骨圧迫のやり方

　　　傷病者の横で膝立ちをする。

　　　胸骨の下半分（胸の真ん中あたり）に片方の手のひらの下半分をあて、その上にもう片方の手を重ねて組む。

　　　救助者の肩が圧迫部分の真上になるような姿勢を取り、両肘を伸ばしたまま体重を乗せて傷病者の胸を押す。

　イ．胸骨圧迫のテンポと力の入れ方

　　　100～120回/分のテンポで、胸が約５cm沈む（６cmは超えない）強さで30回を１サイクルとして行う。

　　　救助者が複数いる場合には、１～２分ごとを目安に交代する。

　ウ．胸骨圧迫を終えた後

　　　心肺蘇生の訓練を受けたことのある市民救助者でその技術と意思がある場合は**❻**へ進む。

訓練を受けたことのない市民救助者や、訓練を受けたことのある市民救助者であってもその技術や**意思がない場合は、胸骨圧迫のみ**を引き続き行い、**❽**へ進む。

図表 胸骨圧迫の方法

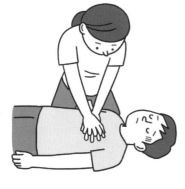

人工呼吸は他人に口を付けるため、戸惑ってしまうことが多い。
傷病者にとっては、人工呼吸をしないことよりも戸惑って何もしない時間の方が危険なため、手を止めずに胸骨圧迫を続ける！

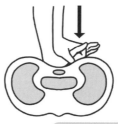

あごを下げてしまうと逆に気道を塞ぐことになるので注意！

❻ 人工呼吸の実施

　ア．気道の確保

　　　傷病者の頭を後ろに下げて、**あごを上に引きあげて気道の確保**を行う。

　イ．傷病者の鼻をつまむ

　ウ．傷病者の口を救助者の口で大きく塞ぐ

　エ．約**1秒**かけて胸の盛り上がりが見える程度の量の空気を**2回**吹き込む

空気が逃げないように鼻をつまみ、口からフーフーと息を吹き込む！
吹き込む秒数が長すぎたり、吹き込む回数が多すぎたりすると、肺に入るはずだった空気が胃などに逆流してしまい、より危険な状態になってしまうので、秒数と回数は必ず守る。

※胸骨圧迫の中断の時間は10秒以内にする。
※可能であれば、感染防護具の使用を考慮する。

❼ 胸骨圧迫と人工呼吸の繰り返し

以降、胸骨圧迫30回に人工呼吸2回のサイクルを繰り返す。

救急隊が到着するまで、もしくは AED の到着まで繰り返し行う。
AED が到着したら❽へ進む。

❽ AEDの使用

AED は電源が入ると自動で音声メッセージによる
使用方法等の説明が始まる。

ア．AEDを開け、中の電極パッドを取り出し、傷病
　　者の胸に貼り付ける。

イ．心電図解析が自動で始まるため、結果を待つ。(傷病者には触れない)

ウ．心電図解析の結果、電気ショックが必要ありとされた場合、**電気
　　ショックを行い、その後ただちに心肺蘇生を再開する。**

　　　心電図解析の結果、電気ショックが不要とされた場合、**電気シ
　　ョックは行わず、ただちに心肺蘇生を再開する。**

　　➡電気ショックが不要と判断される場合として、心臓が正しく鼓
　　　動している状態のほか、心臓が停止している状態が考えられる。
　　　電気ショックは微細動（心臓がけいれんした状態）を元に戻す
　　　ものであるため、完全に止まってしまった心臓には効果がない。
　　　もし心停止が起きている場合は心肺蘇生により呼吸及び血液循
　　　環の補助を行う必要がある。

ポイント　電気ショックを行った場合も行わない場合も、ただ
ちに心肺蘇生を再開する！

エ．心肺蘇生を再開すると、２分程度で音声メッセージの指示がある
　　ため、再度 AED を使用する。

オ．救急隊が到着するまでア～エを繰り返す。

\ **試験**ではこう出る！/

　各処置の赤字の数字等を変えて出題してくることが多い。赤字部分を
中心に覚えよう。

2 応急手当

(1)出血

❶ 出血の種類等

　ア．**毛細血管性出血：出血部からにじんでくるような出血**

　　➡全身の毛細血管からの出血。転んでひざをすりむいた時等にみられる。

　イ．**静脈性出血：出血部からゆっくりとあふれ出てくるような出血**

　　➡静脈からの出血。浅い切り傷などであり、ジワジワと赤黒い血が持続的に溢れてくる。

　ウ．**動脈性出血：拍動性の多量出血（血の色は鮮紅色）**

　　➡動脈からの出血。心臓が動くリズムに合わせてピュッピュッと鮮やかな赤い血が勢いよく飛び出る。

❷ 血液量

　血液量は体重の約1/13（約8％）であり、その約1/3を失うとショックを経て生命の危険、約1/2失うと死に至る。

❸ 処置

　ア．直接圧迫法

　　　出血部を直接圧迫する方法。**一般市民が処置を行う際は、直接圧迫法が推奨**されている。

　イ．間接圧迫法

　　　出血部より心臓側にある部分の動脈（止血点）を圧迫する方法。

　ウ．止血帯法

　　　幅広の布やバンドといった止血帯を用いて止血する方法。出血部より体の中心に近い側を止血帯によって縛って止血する。

　　　なお、止血帯を用いるのは最後の手段である。やむを得ず実施した際は、**30分ごとに結び目を緩める。また細いひもは止血帯**

として使用できない。

➡️本来なら止血帯の使用が必要ないくらいの出血に止血帯を使用すると、無事に血液が流れるはずだった身体の末端部分に血液が流れなくなり、壊死のおそれなど悪化させることにつながる。

　また、ひもなどの適切な幅がない細いもので腕や足等を縛ってしまうと皮膚や肉を傷つけることになるため、止血帯は幅広ものを使用する。

参考 出血以外でも起こるショック

　ショックとは、出血や熱中症などさまざまな原因により、臓器への血液が減少し酸素の供給量が低下することにより引き起こされる。症状が進むと血圧も非常に下がる。症状として、血圧低下により顔や手足に血液が流れず、顔面蒼白、四肢の冷えがみられる。他に血流量低下による弱くて速い脈拍や、体内の酸素が減り二酸化炭素が増えたことに伴う浅くて速い呼吸等がみられる。**高熱は出ない**。

（2）熱傷（火傷）

　熱によって生体の組織が破壊されることを熱傷という。

　45℃程度の熱源への長時間接触による低温熱傷は熱傷深度が深く難治性である。

❶ 熱傷の深度

　熱傷はその深さによってⅠ度〜Ⅲ度に分類される。

　Ⅰ度：皮膚の発赤

　Ⅱ度：水疱ができる

　Ⅲ度：皮膚組織が壊死

> Ⅰ度が軽い火傷で、Ⅲ度が重い火傷のこと！

❷ 重症度の評価

　熱傷の重症度は、面積、深度、年齢、部位によって判定する。

　一般にⅡ度以上の熱傷受傷面積が成人の場合で体面積の30％以上の場合、重症熱傷とされる。

❸ 処置

ア．水で冷やす。

※その後の治療の妨げになるため、油や中和剤は使用しない。
※広範囲の熱傷の際に低体温症のおそれがあるため、長時間冷却はしない。

イ．**水疱は破らない**（水疱を破ると細菌の感染等、悪化させることに繋がる）。

ウ．着衣の上からの熱傷は**無理に脱がさない**。

➡服が皮膚に貼り付いてしまっていることがある。無理に取り除くと皮膚やその下の肉まで傷つけてしまうことがある。上から水をかけて冷やし、その後病院に連れて行く。

エ．タール、アスファルトははがさない。

➡タールやアスファルトといった高温物質が皮膚に貼り付いてしまっていることがある。

オ．ショックに陥った際には、寝かせて足を高くし、**頭部を低くする**体位をとらせる。

➡ショックは血圧が下がっており、体の末端部へ血液が流れにくい。脳へ血液が流れやすい姿勢を取らせる。

（3）骨折

❶ 骨折の種類

単純骨折（閉鎖骨折）：皮膚損傷のないもの

複雑骨折（開放骨折）：骨の先端が皮膚から出ているもの

不完全骨折：骨にひびが入ったもの

完全骨折：完全にぽっきり折れているもの、骨の変形やあつれき音が認められる。

> 複雑骨折は折れた骨の処置と破れた皮膚の処置の両方を同時に行う。処置が複雑になるから複雑骨折という。骨が粉々に砕けているわけではない！

図表 骨折の種類

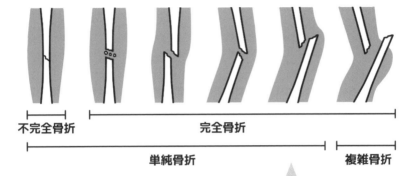

不完全骨折　　完全骨折

単純骨折　　　複雑骨折

単純骨折と複雑骨折は皮膚損傷があるかの分類。
不完全骨折と完全骨折は骨の状態による分類。

❷ 処置

ア．骨折部位を**動かさずに**固定する。

　➡無理に動かせば悪化の原因となる。

イ．皮膚から突出している骨は**皮下に戻さない**。

　➡無理に戻せば悪化の原因となる。

ウ．副子は**その先端が手先や足先から出るように**長くして固定する。

　➡副子とは副木ともいい、添え木のことを指す。手足などを骨折
　　した際は骨折した場所の上下の関節よりも長い副子で固定する。
　　短い副子では骨折箇所が上手く固定できない。

エ．脊髄損傷が疑われる際の搬送方法は、**硬い板**の上に乗せる。

　➡脊髄損傷のイメージは首から背中の骨折である。脊髄の中には
　　非常に重要な神経があり、脊髄が傷つくと半身不随等の大きな
　　後遺症が残ることが多い。動かさずに運ばなければならないた
　　め、体が沈むこともないよう、硬い板の上に乗せる。

（4）熱中症

　熱中症は、高温環境下で体内の水分や塩分（ナトリウム等）のバランスが崩れたり、体内の調整機能が破綻する等して発症する急性障害の総称である。重症度によってⅠ度からⅢ度に分類され、次の種類がある。

Ⅰ度が軽い熱中症で、Ⅲ度が重い熱中症！

図表 熱中症の種類

種類	Ⅰ度		Ⅱ度	Ⅲ度
	熱失神（熱虚脱）	熱痙攣（けいれん）	熱疲労	熱射病
原因	皮膚に血がたまり、脳血流が減少	大量の発汗後に水分のみを補給し、血液中の塩分濃度が低下	大量の発汗により、体内の水分と塩分が減少	間脳の視床下部にある体温調節中枢の変調
症状	めまい、血圧低下、発熱なし、時に失神等	筋肉の痙攣、筋肉痛、発熱なし等	ショック症状、倦怠感、発熱はほぼなし等	発汗、脈拍頻数、顔面紅潮、呼吸促進 ➡ 発汗停止、40℃以上の高熱、呼吸困難、意識障害、運動障害
処置	涼しい場所に移動させ、水分を与える。	水分と塩分を与える。	水分と塩分を与え、足を高く頭を低くし仰向けの状態にして休ませる。	氷水に入れたり、クーラーの風を当てる。意識回復後は水を与えてもよい。

I 度の熱中症が出題されている。熱失神（熱虚脱）と熱痙攣の違いを抑え、両方とも I 度であることを覚えよう。

・熱失神（熱虚脱）

➡人の体は暑いと感じると、体温を下げるために皮膚にたくさん血液を流し、皮膚から放熱を行っている。皮膚に血液が流れすぎて、脳への血液が足りなくなった状態を熱失神もしくは熱虚脱という。脳への血液が減少したためめまいや立ち眩みが起こる。

・熱痙攣

➡人の体は暑いと感じると汗によって体温を下げる。汗の中には水分と塩分が含まれており、塩分は筋肉を動かすためにも必要である。汗をかいて水分と塩分が失われているのに、水だけ補給して体内の塩分が足りなくなっている状態を熱痙攣という。塩分が足りないことで、痙攣や筋肉痛といった筋肉に障害が起こることが特徴である。

参考 II 度と III 度の熱中症

熱疲労（II 度）

➡体温が上がり発汗状態が続いて体内の塩分や水分のバランスが崩れたため、ショックや脱水症状を起こした状態。ショック症状が現れているため、頭を低くし、脳へ血液が流れやすくする必要がある。

熱射病（III 度）

➡体温を下げる様々な働きをしている体温調節中枢が壊れた状態をいう。もともと人の体は熱がこもり過ぎないようになっているが、熱中症が進行すると、体温を下げる仕組みが追いつかなくなり、体温調節中枢が壊れてしまう。体温調節中枢が壊れると体温を下げることができなくなり、40℃以上の高熱が出る。自身の高熱により他の中枢も壊れてしまう。そして心臓中枢が壊れると心停止となり、熱射病は死に至ることもある。

身体に熱がこもっているので、早急に体温を下げる必要がある。自力では体温を下げることができないため、氷水やクーラー等により周りから冷やすことが必要である。

第3章

労働生理

1 循環器系

　心臓は、体液（血液やリンパ液）を体内に循環させ、酸素、栄養分等を全身の組織へ送り、老廃物を排泄器官へ運ぶための器官である。試験では主に酸素と二酸化炭素の運搬について出題される。

(1)心臓の働き

①心臓には、4つの部屋（右心房、右心室、左心房、左心室）がある。

②心臓は心筋と呼ばれる筋肉組織で構成され、その収縮と弛緩によって血液を静脈から吸引し、動脈へ送りだすことで、体中に血液を循環させるポンプの役割を担っている。

③**右心房**にある**洞結節（洞房結節）**で発生した刺激が刺激伝導系を介して心筋に伝わり、心臓は収縮と拡張を繰り返す。

参考 心臓の働き

　心臓自体は、冠状動脈（冠動脈）によって酸素や栄養分の供給を受けている。

　拍動：心臓の収縮と拡張の運動を拍動といい、拍動は自律神経の支配を受けている。

　脈拍：心臓の拍動による動脈圧の変動を末梢の動脈で触知したものを脈拍といい、一般に、手首の橈骨動脈で触知する。

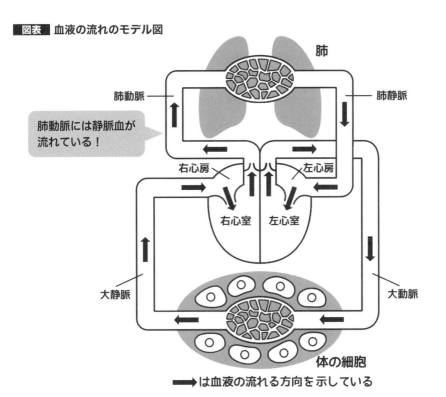

図表 血液の流れのモデル図

肺

肺動脈

肺静脈

肺動脈には静脈血が
流れている！

右心房

左心房

右心室

左心室

大静脈

大動脈

体の細胞

➡は血液の流れる方向を示している

（2）血液の循環

❶ 肺循環（小循環）と体循環（大循環）

　肺循環（小循環）：血液が右心室を出て、肺をめぐり左心房に戻る循環

　体循環（大循環）：血液が左心室を出て、全身をめぐり右心房に戻る循環

❷ 血液の種類

　酸素を多く含む血液を動脈血と呼び、二酸化炭素を多く含む血液を静脈血と呼ぶ。

❸ 血管の種類

　血液が心臓から出ていく血管を動脈と呼び、血液が心臓に戻ってくる血管を静脈と呼ぶ。

それぞれ肺循環の動脈を肺動脈、肺循環の静脈を肺静脈と呼び、大循環の動脈を大動脈、大循環の静脈を大静脈と呼ぶ。

\試験ではこう出る！/

　肺循環と大循環において、２つのパターンが出題される。

ⅰ）血液の種類
✕大動脈および肺動脈を流れる血液は、酸素に富む動脈血である。
正しくは➡肺動脈には、二酸化炭素に富む静脈血が流れている。

ⅱ）各循環の血管の並び
✕肺循環は、右心室から肺静脈を経て肺の毛細血管に入り、肺動脈を通って左心房に戻る血液の循環である。
正しくは➡肺循環は、右心室（心臓）から肺動脈を経て、肺の毛細血管に入り、肺静脈を通って左心房（心臓）に戻る血液の循環である。

ポイント 循環器系まとめ

ⅰ）血液の種類
　酸素を多く含むのが「動脈血」、二酸化炭素を多く含むのが「静脈血」！
　肺循環は、「動脈・静脈」と「動脈血・静脈血」の組合せが一致せず、肺動脈に静脈血が流れ、肺静脈に動脈血が流れている。

ⅱ）血管の種類
　心臓（心室）から血液が出ていく血管が「動脈」、血液が心臓（心房）に戻ってくる血管が「静脈」！
※必ず心室から出て、心房に戻ってくる。流れている血液の種類（動脈血・静脈血）は関係ない。

まずは、次の語呂合わせを使って流れる血液と血管の組合せが異なる「肺循環」を覚えよう。

　この語呂合わせで「心室」から血液が出ることもおさえることができる。

うしの室（しっ）　ハイドウ!　静かな　血が流る
　↓　　　　　　　↓　　　　　↓
右心室　　　　　右心室　　　肺静脈

2 呼吸器系

呼吸を行うための器官は、鼻腔、咽頭、喉頭、気管、気管支、肺からなる。

(1)呼吸の種類

体内で行われる酸素と二酸化炭素のガス交換を呼吸という。

呼吸は外呼吸と内呼吸に分類される。

外呼吸（肺呼吸）：肺胞内の空気と肺胞（肺の表面にある球状の袋部分）を取り巻く毛細血管中の血液との間で行われるガス交換

内呼吸（組織呼吸）：組織細胞とそれを取り巻く毛細血管中の血液との間で行われるガス交換

図表 **呼吸器系イメージ図**

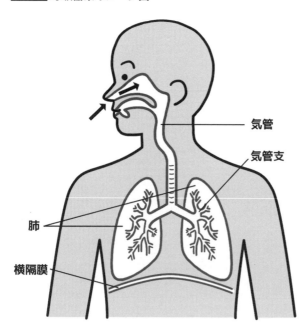

気管
気管支
肺
横隔膜

> 肺には筋肉がないので、肺だけの力で動くことはできない。

（2）呼吸器の仕組みと働き

①呼吸筋（肋間筋や横隔膜等）が収縮と弛緩することで、胸郭内容積を周期的に増減し、肺を伸縮させている。

図表 肋間筋

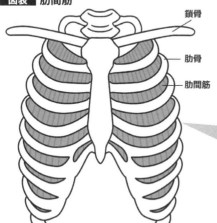

鎖骨
肋骨
肋間筋

> 肋骨の隙間にある筋肉が肋間筋。肋骨などの肺や心臓を囲む骨格を胸郭という。

> 吸気は吸い込む空気。呼気は吐き出す空気。

②胸郭内の容積が増すと、その内圧は低くなるため、吸気が肺内へ流れ込む。

③胸郭内の容積が減ると、その内圧は高くなるため、呼気が体外へ排出される。

図表 肺が動く仕組み

肋間筋や横隔膜が動いて胸郭の容量が小さくなる➡中の肺も小さくなる

肋間筋や横隔膜が動いて胸郭の容量が大きくなる➡中の肺も大きくなる

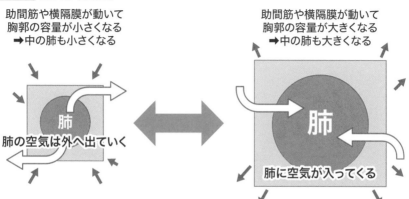

肺の空気は外へ出ていく

肺に空気が入ってくる

④呼気には酸素が約 16％含まれており、二酸化炭素が約４％含まれ
ている。

⑤延髄にある呼吸中枢が、血液中の二酸化炭素の増加に刺激を受けて
興奮し、呼吸数が増加する。

⑥呼吸数は 16 〜 20 回 / 分前後で運動、食事、入浴、発熱等によっ
て増加する。

⑦チェーンストークス呼吸とは心不全や脳卒中等が重症化し、脳が低
酸素状態の時などにみられる異常な呼吸である。浅い呼吸から、
徐々に深い呼吸となった後、次第に呼吸が浅くなり、一時的に呼吸
停止となるサイクルが繰り返される。

＼ 試験ではこう出る！ ／

　赤字部分のキーワードを違う言葉に替えて出題される。キーワードを
しっかり覚えよう！

参考

睡眠時無呼吸症候群：睡眠時に上気道の閉塞等によって呼吸が一時的に
停止する病気のことである。

チアノーゼ：血液中の酸素濃度が低下して、酸素と結合していないヘモ
グロビンが増加することにより、皮膚や粘膜が青紫色をし
ている状態。

3 運動器系

　身体活動に関わる骨や筋肉、神経等の運動に関するすべての器官の総称である。試験では主に筋肉について出題される。

（1）筋肉の体系

図表 筋肉の体系図

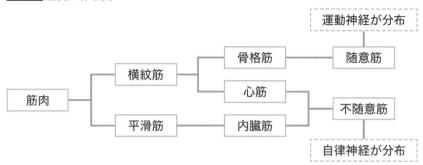

❶ 筋肉の種類

横　紋　筋：横筋模様のある筋肉であり、強い力を発揮することに優れた筋肉

平　滑　筋：横筋模様のない筋肉であり、弱い力を持続的に発揮することに優れた筋肉

骨　格　筋：身体の運動の原動力となる筋肉

心　　　筋：心臓に存在し、心臓を動かす筋肉

内　臓　筋：心臓以外の内臓に存在する筋肉

随　意　筋：運動神経が分布し、自分の意志によって動かすことができる筋肉

不随意筋：自律神経という身体を自動でコントロールする神経が分布しており、自分の意志では動かせない筋肉

❷ 筋肉の体系

　ほとんどの横紋筋は、その両端が腱になって骨に付着し、骨格筋とも

呼ばれ、自分の意志によって動かすことができるため、随意筋に分類される。

　平滑筋は主に内蔵に存在するため、内臓筋とも呼ばれ、自分の意志では動かせないため、不随意筋に分類される。

　　心筋は、内臓の1つである心臓に存在しているのに横紋筋に分類される。ただし、他の内臓と同様に自分の意志で動かすことはできないため、不随意筋に分類される。

（2）筋肉の収縮

❶ 等張性収縮

　筋肉が伸び縮みしながら筋力を発揮すること。荷物を持ち上げたり、屈伸運動をしたりする体を動かす動的作業の際の収縮である。

❷ 等尺性収縮

　筋肉が長さを変えずに外力に抵抗して筋力を発生させること。情報機器作業のように同じ姿勢を保ったり、鉄棒にぶら下がったりする体を動かさない静的作業の際の収縮である。

（3）筋の収縮エネルギーの仕組み

図表 筋の収縮エネルギーの仕組み

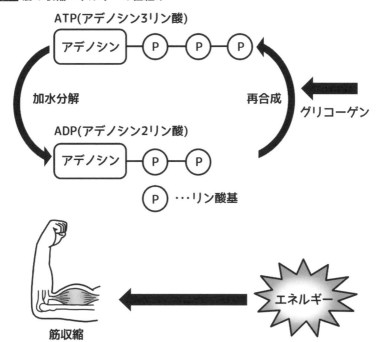

❶ 筋の収縮に必要なエネルギー

　ATP（アデノシン3リン酸）が加水分解すると、P（リン酸基）が1
つ外れて、ADP（アデノシン2リン酸）になる。この時に発生するエネ
ルギーを使って、筋の収縮は行われている。

❷ ATPの再合成

　筋繊維の中に蓄えられている ATP の量はわずかであるため、長時間
運動を続けるためには、ATP を再合成して供給し続けなければならな
い。ATP再合成の方法の1つに、筋肉や肝臓にあるグリコーゲンを分解
する方法がある。

　グリコーゲンは酸素が**十分に供給されると**、完全に分解して水と二酸
化炭素になり**多量の ATP を供給し**、酸素が**不足すると**完全に分解され
ず、**乳酸になり**筋疲労が生じる。

〈誤りのパターン〉

×筋肉中のグリコーゲンは、<u>酸素が十分に供給される</u>と完全に分解され、最後に<u>乳酸になる</u>。

正しくは➡グリコーゲンは、酸素が十分に供給されると多量のATPを供給し、酸素が不足すると乳酸になる。

（4）筋肉の仕事

> 筋肉は筋繊維と呼ばれる細長い細胞でできている
> 筋繊維の数と1本ずつの太さによって筋肉の太さが変わる

❶ 引き上げる力

- 引き上げる**重さ**：筋肉の**太さ**（筋線維の数と太さ）に比例
  - ➡筋肉が太い人の方が、重いものを一度に持ち上げることができる。腕が太い人の方が軽々と荷物を持ち上げられるイメージをするとよい。
- 引き上げる**高さ**：筋肉の**長さ**（筋線維の長さ）に比例
  - ➡筋肉が長い人の方が、より高いところに物を引き上げることができる。何かを握った状態で、頭上へまっすぐに腕を伸ばした時、握ったものを持ち上げられる高さは腕が長い人の方が高い。

❷ 筋肉の活動性肥大

強い力を必要とする運動を続けていると、筋肉を構成する**個々の筋線維が太くなり**筋力が増強する。

➡筋力トレーニングをして腕が太くなったとしても、筋肉を構成する筋繊維の数は変わらない。筋繊維の1本ずつが太くなることで、筋肉全体が太くなり、筋力が増す。

❸ 筋力の性差等

筋肉自体が収縮して出す最大筋力は、筋肉の断面積1㎠当たりの平均値をとると、**性差、年齢差がほとんどない。**

➡筋肉の収縮による筋力には性差や年齢がほとんど関係ないため、筋肉の太い人ほど発揮できる筋力は大きい。

❹ 筋肉の疲労

筋肉は神経に比べ**疲労しやすい**。

参考 筋肉の特徴

作業能力：筋肉が収縮する瞬間が最大。

➡ウエイトリフティングのイメージ。重たいバーベルを持ち上げるとき、ゆっくり引き上げようとすると持ち上がらないが、一度に胸元や頭の上まで持ち上げることはできる。動かす最初の一瞬が一番力を発揮できるということ。

仕事の量：筋肉への負荷が適当な時が最大。

➡荷物を運ぶ際、荷物が重すぎれば筋への負荷が大きすぎ、動かすことができない。反対に筋へ負担をかけないように軽すぎる荷物を選べば、運べる荷物は少なくなってしまう。運ぶ人にとってちょうどいい重さのときに、一番仕事量が増えるということ。

仕事の効率：筋肉の収縮が適当な速さの時が最大。

➡例えば腕立て伏せを行う際、自分のペースでは100回行える人も、他人のホイッスルのリズムに合わせようとすると、できなくなってしまうことが多い。自分のペースで動くのが一番効率よく動けるということ。

（5）反射

刺激に対して意識とは無関係に起こる定型的な反応を反射という。

伸張反射：骨格筋が受動的に引き伸ばされるとその筋が収縮する（例：膝蓋腱反射）。

屈曲反射：四肢の皮膚に熱いものが触れた時、体幹に向かって折り曲げる。

膝蓋腱反射とは、座った状態で膝の下を木槌などで叩くと、足が上に上がる反射をいう。脚気の検査などに使われる。

4 消化器系

　食物の摂取や消化、栄養分の吸収及び老廃物の排出を行う器官である。試験では主に胃や肝臓、膵臓の働きについて出題される。

（1）消化器系の構造

　消化器系は消化管（口腔、咽頭、食道、胃、小腸、大腸、肛門）と消化腺（唾液腺、肝臓、膵臓）に分けられる。

　食物は消化管の運動により、他の物質へと分解され吸収される。生命維持に必要な栄養素は体内へ吸収され各臓器のエネルギーとなるが、残りかすは体外へ排出される。

図表 消化器系のモデル図

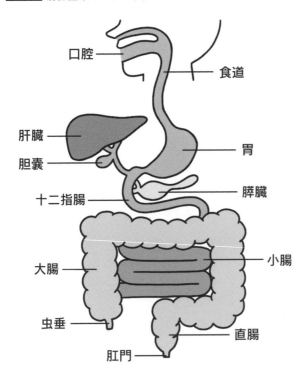

参考 **消化管の種類**

口腔：消化器の入口。

咽頭：口腔から食道に通じる道と呼吸した空気が通る気道が交わる部
　　　分。

食道：咽頭と胃をつなぐ管状の器官。

胃　：上腹部にある食道につながる袋状の器官。

小腸：表面が絨毛（小腸の表面積を大きくするための突起）で覆われ
　　　ている6〜7mの管状の器官。十二指腸、空腸、回腸に分けら
　　　れる。消化物中の栄養素及び水分のほとんどを吸収する。

大腸：盲腸、虫垂、上行結腸、横行結腸、下行結腸、S状結腸、直腸
　　　からなる。糞便を形成する。

（2）胃の働き

　胃では消化酵素により蛋白質が分解されるほか、蠕動運動により消化
物がすりつぶされ、胃液と混ぜ合わされて粥状にされる。

※消化酵素：消化液に含まれ、食物を分解する成分
　蠕動運動：周りの筋肉等の収縮によって生じたくびれが波のように徐々に伝わっていく運動

❶ **胃液の役割**

> 胃粘膜が分泌するガストリンにより胃液の分泌は促進
> される。胃液により栄養素は違う物質へ分解される。

ペプシノーゲン：胃酸によってペプシンという消化酵素になり、蛋白
　　　　　　　　質を分解する。

塩酸（胃酸）：殺菌作用をもつ。

粘液（ムチン）：胃の内面が胃酸等で損傷しないよう胃粘膜を保護する。

> ※ムチンは唾液にも含まれる蛋白質であり、食物に粘性を与えて食道
> の通過を容易にする働きも持つ。

❷ **胃における栄養素の吸収**

　胃は食物を数時間かけて消化することで小腸へ送る速度を調節してい
る。栄養素を吸収する機能はほぼなく、水分を吸収することもないが、
アルコールは吸収される。

（3）栄養分の分解と吸収

❶ 栄養素の分解

食物に含まれる栄養素は消化腺から分泌される消化酵素によって分解される。代表的な栄養素及び分解産物は次の表の通りである。

> 無機塩類とはミネラルのこと！ビタミンとミネラルは消化により形が変わることなく、そのまま吸収され、体の中で栄養として使われる。

図表 栄養素の分解まとめ

	糖質 （炭水化物）	蛋白質	脂肪 （脂質）	ビタミン 無機塩類
分解場所	口　等	胃　等	十二指腸 等	酵素による 分解を受けずに、 そのまま腸壁から吸収される
酵素	アミラーゼ マルターゼ 等	ペプシン トリプシン 等	膵リパーゼ 等	
分解場所での 分解産物	ブドウ糖 （グルコース）	アミノ酸	脂肪酸 グリセリン （モノグリセリド）	

試験ではこう出る！/

それぞれの栄養分を分解する酵素と分解産物の組合せを入れ替えて出題される。

糖質（炭水化物）の分解

語呂合わせ

網焼きの	ブドウ丸っと	口にする
↓	↓　　↓	↓
アミラーゼ	ブドウ糖　マルターゼ	口

> 米やパン等に含まれる糖質（炭水化物）は主に口において、アミラーゼやマルターゼによってブドウ糖（グルコース）へと分解される！

蛋白質の分解

語呂合わせ

白衣来た	トリはペプシと	くしゃみする
↓　↓	↓	↓
蛋白質　胃	トリプシン	ペプシン

> 肉や魚等に含まれる蛋白質は主に胃ではペプシン、十二指腸ではトリプシンによってアミノ酸へと分解される！

脂肪の分解

尻に効く	十二種類の	サングリア
↓↓	↓	↓↓
脂肪 リパーゼ	十二指腸	脂肪酸 グリセリン

語呂合わせ

植物油やバター等に含まれる脂肪は主に十二指腸において、膵リパーゼによって脂肪酸やグリセリン（モノグリセリド）へと分解される！

❷ 栄養素の吸収

消化されたそれぞれの分解産物は主に小腸によって吸収される。

ブドウ糖と**アミノ酸**は小腸の絨毛から吸収され**毛細血管**へ入り、肝臓へと運ばれる。

脂肪酸と**グリセリン**は絨毛から吸収された後にもう一度脂肪に戻され、**リンパ管**へ入る。

※リンパ管：全身の組織の隙間に出ていく液体であるリンパ液が流れている管のこと。

参考 栄養素の働き

炭水化物（糖質）：体内で主なエネルギーとして使用される。特に脳は糖質の1つであるブドウ糖しかエネルギー源として利用できないという特徴を持つ。

蛋白質：約20種類のアミノ酸が結合してできており、筋肉、内臓、皮膚、血液、酵素、免疫物質など人体を構成する主成分である。

脂肪（脂質）：糖質や蛋白質に比べて多くのATPを産生することができる優れたエネルギー源。摂取量が多すぎると肥満に繋がる。脂質の中でもコレステロールやリン脂質は細胞膜の成分や神経組織の構成成分となる。

（4）肝臓の機能等

❶ 有害物質の分解（解毒作用）

お酒の飲みすぎが肝臓に悪いと言われるのはアルコールの分解で肝臓が疲れてしまうからだ！

小腸で吸収された栄養素は門脈を通り、肝臓へ運ばれる。

肝臓で薬剤やアルコール等の身体に有害な物質を**分解**し、無毒化もしくは体外へ排出されやすい形へ変える。

※門脈：消化器等から血液（門脈血）を集めて肝臓に運ぶ静脈

❷ 糖質（炭水化物）の代謝等

糖質（炭水化物）から分解したブドウ糖（グルコース）をグリコーゲンに変えて蓄える。

血液中のブドウ糖濃度低下時にはグリコーゲンをブドウ糖（グルコース）に分解する。

❸ 蛋白質の代謝

・**血漿蛋白質の合成**

➡蛋白質から分解されたアミノ酸からアルブミン、**血液凝固物質**（フィブリノーゲン等）、**血液凝固阻止物質**（アンチトロンビン等）等の血漿蛋白質を合成する。

・**尿素の合成**

➡アミノ酸から生成されたアンモニアを分解し、**尿素**とする。

・**糖新生**

➡飢餓時には、アミノ酸等からブドウ糖を生成しエネルギーとする。

❹ 脂肪の代謝

脂肪からコレステロールとリン脂質を合成する。余剰の蛋白質と糖質を脂肪（脂質）に変換する。脂肪酸の合成と分解も行う。

❺ その他

・ビタミンAやビタミンD等を貯蔵する。

・**アルカリ性**の消化液である胆汁を作る。

➡胆汁とは脂肪の分解を助ける働きを持つ。

脂肪はそのままでは水に溶けず、水に溶ける性質を持った脂肪分解酵素は脂肪を分解できない。

そこで胆汁が脂肪を水に溶けやすい状態へ変化（乳化）させ、酵素が脂肪の脂肪分解を助けている。

• 古くなった赤血球から分解された**ビリルビンを胆汁へ排出**する。

ポイント 胆汁には**消化酵素は含まれていない**ことに注意！

試験ではこう出る！/

肝臓の働きに“含まれていないもの”が問われる。

〈誤りのパターン〉

✕肝臓は、<u>赤血球（ヘモグロビン）や乳酸を合成する。</u>

正しくは➡赤血球は骨髄で作られている。乳酸はグリコーゲンに酸素供給が不十分だった際に作られる。肝臓では赤血球（ヘモグロビン）と乳酸は合成されない。

✕肝臓は、<u>ビリルビンを分解する。</u>

正しくは➡肝臓ではビリルビンを胆汁へ排出している。分解しているわけではない。

第**3**章
労働生理

（5）膵臓の機能

❶ 消化腺としての役割

膵臓は**各消化酵素を含む膵液**を十二指腸に分泌する消化腺である。膵液には糖質を分解する膵アミラーゼ、蛋白質を分解するトリプシノーゲン、脂肪を分解する膵リパーゼ等が含まれる。

❷ 内分泌腺としての役割

血糖値を上昇させるグルカゴンや、血糖値を低下させるインスリンというホルモンを分泌する。

139

5 腎臓・泌尿器系

　泌尿器系とは血液中の老廃物を、尿として体外へ排泄するための器官である。

（1）腎臓の構造

　腎臓は横隔膜の下あたり、背骨の左右にひとつずつある空豆状の器官である。左右それぞれを右腎と左腎と呼び、飛び出た部分を副腎と呼ぶ。左右それぞれの腎臓から1本ずつの尿管が出て、膀胱へつながっている。また内臓は内側を髄質、外側を皮質と呼ぶ。

　1つの腎臓には約100万個のネフロンがあり、腎小体と尿細管からなる。腎小体は糸球体とボウマン嚢でできており、血液から尿が生成される。

図表 腎臓の構造モデル図

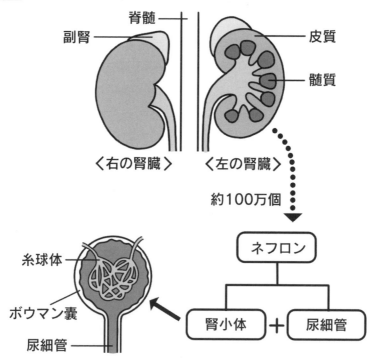

（2）尿の生成

　腎臓では血液は輸入細動脈から糸球体へ流れ、血液の一部の成分がボウマン嚢へ濾しだされる。

　糸球体からボウマン嚢へ濾しだされたものを原尿と呼ぶ。

　原尿は**ボウマン嚢から尿細管へ流れ**、一部の身体に必要な成分が再吸収される。その後尿細管から腎盂を通り尿管へ流れ、膀胱に溜まり、尿として尿道から体の外へ排出される。

> 血液には身体に必要なものも不要なものも含まれている。必要なものを身体に残し、不要な老廃物などを排出するために尿が作られている！

■図表 尿の生成順路

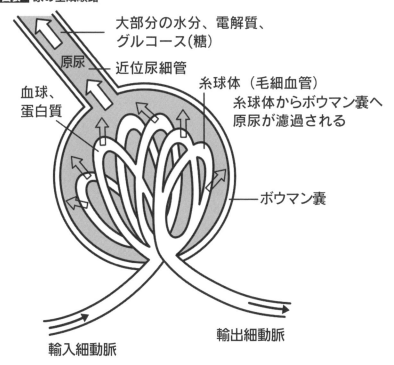

大部分の水分、電解質、グルコース(糖)

原尿

近位尿細管

血球、蛋白質

糸球体（毛細血管）
糸球体からボウマン嚢へ
原尿が濾過される

ボウマン嚢

輸出細動脈

輸入細動脈

（3）尿の生成の詳細

❶ 糸球体からボウマン嚢

腎臓の皮質にある腎小体では、**糸球体**から血液中の血球及び蛋白質以外の成分がボウマン嚢にこし出され、原尿が生成される。

➡血液に含まれる血球や蛋白質はまだ身体に必要であり、尿として排出されることはない。糸球体から出ていくこともなく、輸出細動脈を通って体内へと戻る。

❷ ボウマン嚢から尿細管

原尿中の水分の大部分、電解質、アミノ酸、**グルコース（糖）**等の体に必要な成分はボウマン嚢から尿細管に移動し、**尿細管**で血液中に再吸収される。

➡ボウマン嚢へこし出された原尿には水分、電解質、アミノ酸、グルコース（糖）といった身体に必要な成分が含まれている。身体に必要な成分は尿として排出しないため、尿細管から体内へと再吸収している。

ポイント　尿の生成のまとめ

腎機能が正常な場合、血球と蛋白質はボウマン嚢中にこし出されないので尿中には排出されない！

腎機能が正常な場合、水分や電解質、アミノ酸、グルコース（糖）はボウマン嚢中にこし出されるが、尿細管でほぼ100％再吸収されるので尿中にはほとんど排出されない！

（4）尿の成分

❶ 特徴

淡黄色の液体で固有の臭気を有し、通常、**弱酸性**である。

水分が90～95％であり、残りが固形成分である。

❷ 尿量

1日1.5ℓ前後の尿量があり、その比重が通常1.010 ～ 1.025である。水分摂取が多くなると比重は低くなり、摂取が少なくなると高くなる。

（5）腎機能検査項目

血液中の尿素窒素（BUN）は、本来は腎臓から排出される老廃物であり、腎機能が正常であれば尿中に排出されるため血液中の値は低くなる。しかし腎機能障害により尿中に排出できなくなると、血液中の尿素窒素の値が**高くなる**。

> 尿素窒素は血液に含まれているため、検査の際は血液検査を行うことにも注意！

参考 尿検査

尿の成分は全身の健康状態をよく反映するので、尿検査は健康診断等で広く行われている。

尿蛋白：陽性の場合、腎臓や膀胱、尿道の病気が考えられる。慢性腎炎やネフローゼ（尿に蛋白質が出てしまい、血中の蛋白質濃度が下がっている状態）では、その病態が重いほど尿中蛋量が増加する。

尿糖：陽性の場合、糖尿病や腎性糖尿が考えられる。血糖値が正常であって体質的に腎臓から糖が漏れるものを腎性糖尿と呼ぶ。腎性糖尿と糖尿病との鑑別が必要である。

6 神経系

　感覚器官から情報を受け取り、脳で処理し、その情報に応じて生体各部を調節する器官をいう。

　神経系は中枢神経と末梢神経に大別される。

（1）神経の体系

■図表■ 神経の体系図

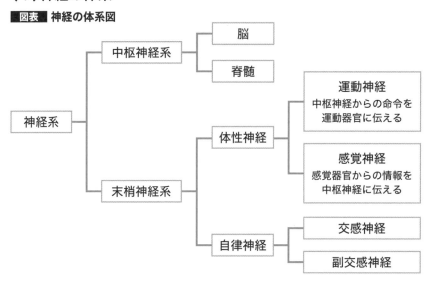

❶ 中枢神経

　脳と脊髄からなり、全身にある末梢神経から情報を受け取り、分析や判断を行う司令塔のような役割を持つ。

❷ 末梢神経

　体性神経と自律神経からなり、中枢神経と全身を繋いで情報伝達を行う。

　体性神経は運動及び感覚に関与し、**自律神経**は身体の内外環境の変化に対応して体内環境を意志とは無関係にコントロールする。

❸ 交感神経と副交感神経の働き

　自律神経である交感神経と副交感神経は各種臓器において双方の神経が分布し、正反対の作用をする。一方が活発になっているときには他方は活動が抑制される。

■図表■ 交感神経と副交感神経の働き

	心臓の働き	消化管の働き
覚醒時：交感神経が活発化	促進	抑制
睡眠時：副交感神経が活発化	抑制	促進

　交感神経系は、身体の機能をより活動的に調節する働きがあり、覚醒時に活発化する。例えば心拍数を**増加**し、消化管の運動を**抑制**する。
　➡人が活動的になるのは主に昼間の起きている間である。起きている間は交感神経により、心臓をしっかり動かし全身に血液を巡らせる。一方で身体を動かすためのエネルギーは使うことが優先され、エネルギーを生産する消化管の働きは抑制される。
　副交感神経は、身体を休ませ回復させる働きがあり、睡眠時に活発化する。例えば心拍数を**抑制**し、消化管の働きを**促進**する。
　➡人が休息をとるのは主に夜間の睡眠時である。寝ている間は副交感神経により心臓の動きが抑制され、心臓をゆっくり脈打たせることで心臓や血管への負担を軽減させている。一方で日中のエネルギーを生産するため、栄養素を吸収する器官である消化管の働きは促進される。

（2）神経の働き
❶ 神経の構成
　神経系を構成する基本的な単位である神経細胞は、**ニューロン**といわれる。
　神経細胞（ニューロン）は１個の細胞体、１本の**軸索**、複数の**樹状突起**の３つの部分からなる。

軸索と樹状突起は神経線維であり、細胞体が受けた刺激を電気的な興奮として他のニューロンや骨格筋細胞に伝える役割を持つ。刺激を伝達する配線に相当する。

❷ 神経細胞の特徴

神経細胞の細胞体が多数集合した部分は、肉眼的に灰色に見えるので灰白質といわれ、神経線維が多い部分は、白色に見えるので白質といわれる。

神経細胞の細胞体が集中しているところを、中枢神経系では**神経核**と呼び、末梢神経系では**神経節**と呼ぶ。

図表 ニューロンのイメージイラスト

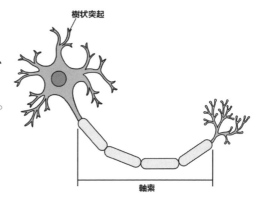

❸ 軸索の種類

軸索は鞘状の髄鞘（ずいしょう）とよばれる被膜で包まれた有髄神経線維と、包まれていない無髄神経線維に分けられる。

有髄神経線維は**無髄神経線維**よりも神経伝導速度が**速い**。

（3）大脳

大脳には身体からの様々な情報が届けられ、処理や判断を行っている。

❶ 大脳の構造

外側（表面部）の皮質と内側の髄質からなり、左右に分かれている。

大脳の**皮質**は**神経細胞**の細胞体が集まっている灰白質で、感覚、思考等の作用を支配する中枢として機能する。内側の**髄質**は**神経線維**の多い白質である。

大脳において、前方部を前頭葉、頭頂部を頭頂葉、側面部を側頭葉、後部を後頭葉と呼ぶ。

図表 脳のモデル図

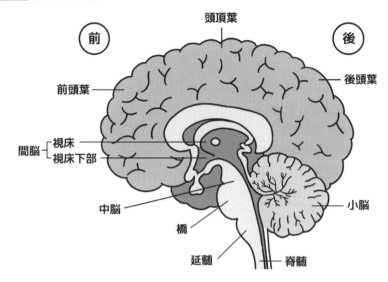

❷ 大脳の働き

　大脳には様々な中枢（身体を自動でコントロールするメインコンピューターのようなもの）があり、次の表の役割を担っている。

図表 大脳の働き

位置		中枢
大脳皮質	前頭葉	精神機能中枢、運動機能中枢、運動性言語中枢
	頭頂葉	感覚中枢（触圧覚、温冷覚、痛覚等）
	側頭葉	聴覚中枢、嗅覚中枢、記憶中枢、感覚性言語中枢
	後頭葉	視覚中枢
脳幹（間脳、中脳、橋、延髄）、脊髄		自律神経の中枢
間脳の視床下部		体温調節中枢
延髄		呼吸中枢、心臓中枢

＼試験ではこう出る！／

神経系ではモデル図を用いた問題も出題される。
モデル図のそれぞれの部位の名称と働きの組合せを合わせて覚えよう。
赤字の特によく出題される部分から優先して覚えるとよい。

7 内分泌・代謝系

(1)代謝とは

代謝は異化と同化に分かれる。

> 異化はATPを作ること！同化はATPを使って体に必要なものを作ること！

異化：細胞に取り入れられた体脂肪やグリコーゲン等が分解されてエネルギーを発生し、ATPを生産すること。

同化：体内に摂取された栄養素が、種々の化学反応によって、ATPのエネルギーを用いて、細胞を構成する蛋白質等の生体に必要な物質を合成すること。

➡人間の体は、炭水化物（糖質）、脂質、蛋白質を消化器により消化・吸収・分解するなどしてATPを生成し生命活動に必要なエネルギーを合成する。

＼**試験**ではこう出る！／

異化と同化の意味を入れ替えて出題される。

合わせて基礎代謝量やエネルギー代謝率の問題が出題されることもあるため、労働衛生の作業管理と一緒に覚えよう。

(2)ホルモン

ホルモンとは、体の働きを調整する化学物質で、特定の器官ごとに特異的な作用を持っている。

■図表 代表的なホルモンと内分泌系器官とその働き

内分泌器官	ホルモン	働き
副腎髄質	アドレナリン	血糖量の増加　　等
副腎皮質	コルチゾール	血糖量の増加
	アルドステロン	塩類バランスの調節
膵臓 (ランゲルハンス島)	インスリン	血糖量の減少 (血液中のブドウ糖からグリコーゲンを合成)
	グルカゴン	血糖量の増加 (肝臓のグリコーゲンをブドウ糖に分解)
副甲状腺	パラソルモン	カルシウムバランスの調節
松果体	メラトニン	睡眠の誘発

＼**試験**ではこう出る！／

　まずは語呂合わせを使って「血糖量」以外に作用するホルモンを覚えてしまおう。

　試験ではホルモンの名前と働きの組合せを出題してくることが多いため、まずは働きをしっかり覚えることが必要である。

語呂合わせ

塩がある	骨はパラソル	目がトロン

塩類
バランス調節　アルド
ステロン　骨＝
カルシウム　パラソル
モン　メラトニン・
睡眠

（3）肥満

❶ BMIによる判定

$$BMI = 体重（W）/身長^2（H^2）$$　※体重はkg、身長はmで算出

身長²は二乗（身長×身長）のこと。
計算するときは160cmは1.6mのようにメートルで計算する！

＼試験ではこう出る！／

BMIの問題は次の通り、出題される。

ⅰ）公式を答える穴埋め問題。

ⅱ）体重と身長が与えられて、BMIを算出する問題。

例題 身長175cm、体重80kg、腹囲88cmの人のBMIはいくつか。

解答 まず「175cm」をメートルに変換すると「1.75m」になる。
次に数字を公式に代入する。

$$BMI = 体重（W）/身長^2（H^2）$$
$$= 80kg / (1.75m)^2$$
$$≒ 26.122\cdots$$

ポイント BMIの計算に腹囲や体脂肪率は使用しない！

参考 BMIによる肥満の判定基準

■図表 BMIによる肥満の判定基準

BMI	日本肥満学会による判定	WHO基準
18.5未満	低体重	低体重
18.5以上25未満	普通体重	正常
25以上30未満	肥満1度	前肥満
30以上35未満	肥満2度	Ⅰ度
35以上40未満	肥満3度	Ⅱ度
40以上	肥満4度	Ⅲ度

❷ メタボリックシンドロームの診断基準

メタボリックシンドロームとは、内臓肥満に高血圧・高血糖・脂質代謝異常が組み合わさることにより、心臓病や脳卒中などになりやすい状態を指す。

次の表の基準に該当した場合、メタボリックシンドロームと診断される。

> ウエスト（腹囲）が男性85cm以上、女性90cm以上でメタボリックシンドロームである。内臓脂肪の面積は男女ともに100cm²以上でメタボリックシンドロームである。

図表 メタボリックシンドローム診断基準

(a)必須項目		(内臓脂肪蓄積)ウエスト周囲径	男性 ≧85cm
		内臓脂肪面積 男女ともに≧100cm²に相当	女性 ≧90cm
(b)必須項目に加えて右記3項目のうち2項目以上	1	高トリグリセリド血症かつ/または 低HDLコレステロール血症	≧150mg/dL <40mg/dL
	2	収縮期(最大)血圧かつ/または 拡張期(最小)血圧	≧130mmHg ≧85mmHg
	3	空腹時高血糖	≧110mg/dL

> 高トリグリセリド血症とはいわゆる中性脂肪のこと。
> 中性脂肪と血圧と糖値のうち、2項目以上が該当してもメタボである。

＼試験ではこう出る！／

2つのパターンの穴埋め問題として、出題されることが多い。穴に入れる赤字のキーワードを覚えよう。
ⅰ）ウエスト周囲径と内臓脂肪面積の数字の穴埋め問題
ⅱ）赤字部分の穴埋め問題

第**3**章 労働生理

8 感覚器系

眼や耳や鼻といった外部からの刺激を受け取る器官を総称して感覚器系と呼ぶ。

（1）感覚の特徴

眼や耳といった感覚の受容器が物理化学的な刺激に反応し、見たり聞いたりといった感覚を認識できる。

物理化学的な刺激の量と人間が感じる感覚の強度との関係は、一般に直線的な比例関係ではない。

➡ 人の感覚は感じ取れる最小の刺激量を超えると急に強くなるが、もともとの刺激量が大きい場合、刺激の変化は感じ取りにくい。

> 例えば、ガスが少しだけ漏れていても、ある程度充満しないと臭いに気づけない。臭いが強すぎた場合、臭いの量が変化したところで気づきにくい。

（2）視覚

図表 眼球のモデル図

> 眼球のモデル図が出題されることがある！
> どこに何があるのか、モデル図も見ておこう。

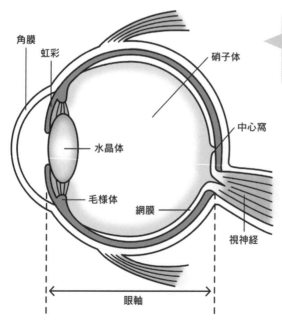

角膜　虹彩　硝子体　中心窩　水晶体　毛様体　網膜　視神経　眼軸

❶ 眼の仕組み

　人の眼は外からの光が角膜から水晶体を通り、網膜に像として集められ、視神経を通ってその刺激が脳へと伝わり、物を見ることができる。

ア. 水晶体

　　厚みを変えることにより、遠近の調節を行う。近くを見る際に水晶体が厚くなり、遠くを見る際に薄くなる。

イ. 硝子体

　　水晶体から網膜までの眼球内を満たす透明のゼリー状組織。

ウ. 虹彩

　　筋肉の働きにより、その内側にある穴（瞳孔）の大きさを変え、網膜へ入る光量を調節する。暗い場所では瞳孔が広がる。

> 錐状体は明るい場所で赤や黄色、青といった色を認識する！
> 杆状体は弱い光も受容することができるため、暗いところでも光を認識することができる。
> 例えば夜に部屋の電気を消した時など、うっすらと物の影が見えるのは杆状体が働いているから。

エ. 網膜

　　光を受容する錐状体（錐体）と杆状体（杆体）がある。**錐状体**は明るいところで**色**を感じ、**杆状体**は暗いところで**明暗**を感じる。なお錐状体が多く集まる視力の鋭敏な箇所を中心窩という。

＼**試験**ではこう出る！／

　　網膜にある錐状体と杆状体の役割を入れ替えて出題される。語呂合わせで覚えよう。

泥酔の　　色気勘定（いろ　け　かんじょう）　みて暗し
　↓　　　　↓　↓　　　↓　　　　　　　↓
錐状体　　色　杆状体　　　　　　　　明暗

語呂合わせ

❷ 眼の機能

ア．物の見え方

本来眼に入った光は水晶体の厚みを変えることで屈折率を変え、網膜上に集められるが、様々な理由によりうまく光を集められないことがあり、近視眼や遠視眼と呼ばれる。

近視眼：眼軸が長すぎることなどにより、平行光線が網膜の前方で像を結ぶもの

遠視眼：眼軸が短すぎることなどにより、平行光線が網膜の後方で像を結ぶもの
※眼軸（眼軸長）：角膜から網膜までの長さ。

> 部屋の電気を消したあとに、
> 周りがぼんやり見えるようになること！

イ．暗順応と明順応

暗順応：明るい場所から暗い場所に入った時に、初めは見えにくいが徐々に見やすくなることをいう。

明順応：暗い場所から急に明るい場所に出ると、初めはまぶしいが徐々にまぶしさを感じなくなることをいう。一般に**明順応の方が暗順応より時間がかかる**。

> 晴れた日の昼間に、トンネルから外に出た時など、
> 明るさに慣れる方が時間がかかる！

参考 その他の眼の機能等

乱視眼：本来球面であるはずの角膜に凹凸があるために網膜に正しく像を結べない状態のこと。

老眼（老視）：加齢により水晶体の調節できる範囲が狭まり、近点が遠くなり、遠点が近くなること。

視野：眼の前の一点を凝視した際に見えている範囲のこと。一般に上方と内方は約60度、下方は約70度、外方は約100度である。

視力検査：一般に遠距離視力検査は、5mの距離で実施する。情報機

器作業などの近距離視力が必要な場合は30cmや50cmの近見視力の検査も併せて行われることがある。

（3）聴覚

❶ 耳の構造

耳は聴覚と平衡感覚等をつかさどる器官である。外耳、内耳、中耳の3つの部位に分かれている。

■**図表** 耳のモデル図

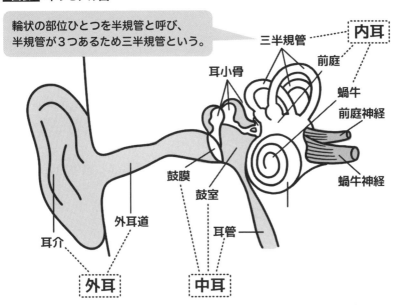

輪状の部位ひとつを半規管と呼び、半規管が3つあるため三半規管という。

三半規管　**内耳**
前庭
蝸牛
前庭神経
蝸牛神経
耳小骨
鼓膜
鼓室
外耳道
耳管
耳介
外耳　**中耳**

ア．外耳

耳の外側の部分であり、音を集める耳介と、音の振動を鼓膜へ伝える外耳道に分かれる。

イ．中耳

外耳と内耳の中間部分であり、鼓膜、耳小骨、鼓室、耳管からなる。

鼓室は、耳管によって咽頭に通じており、その内圧は外気圧と等しく保たれている。

ウ．内耳

　耳の内側の部分であり、聴覚器官である蝸牛と、平衡感覚を司る前庭と半規管（三半規管）からなる。

　前庭は、体の傾きの方向や大きさ、**半規管（三半規管）**は体の回転の方向や速度を感じる。

❷ 音の聴こえ方

　人の耳は1秒の振動数 **20 ～ 20,000Hz** の範囲が聞こえる。

　音は空気の振動であり、音の振動が外耳道を通り、鼓膜から中耳の耳小骨へ伝わり、蝸牛の有毛細胞へと届き、この細胞が蝸牛神経を刺激し、脳へと届いて音として伝わる。

　また、**音の周波数によって異なる部位の有毛細胞が振動することにより**、音の高さがわかる。

❸ 耳の障害

　長時間 90dB 以上の騒音にばく露すると、**内耳**にある**蝸牛**の有毛細胞の障害が起きる。

　騒音によって生じる聴力低下は **4,000Hz** を中心に生じる（c^5dip という）

> 4,000Hzは日常生活ではあまり聞かないくらい高い音であるため、聞こえなくなっていても気づきにくいのが特徴である。

（4）皮膚感覚

　触ったことや押されたことがわかる触圧覚、温覚や冷覚といった温度覚、痛覚などの感覚をいう。

> 冷たいものを触った時はすぐに冷たいとわかるが、熱いものを触ってもすぐには気づけない。例えば熱いお茶が入った湯呑を一瞬持ち上げてから、熱いと感じて置き直すなどが該当する。

❶ 温度覚の鋭敏性

　一般に**冷覚のほうが温覚より鋭敏**である。温感は徐々、冷感はすぐ現れる。

❷ 痛覚

強い刺激により神経が刺激されると痛覚として認識される。

痛覚を感じとる受容器は皮膚全体に分布し、痛覚を感じる場所は他の感覚の中で**密度が最大**である。

> 痛いと感じることは危険から逃げるためにはとても大切なため、体のどこでもすぐに痛いと感じられるようになっている。また、痛覚は他の感覚よりも感じとるための受容器が多い。

（5）その他の感覚
❶ 化学感覚

嗅覚と味覚は神経細胞を刺激する物質の化学的性質を認知する感覚であり、化学感覚といわれる。

嗅覚：鋭敏だが同一の臭いに疲れやすく、しばらくすると臭いを感じ取れなくなる。

味覚：酸味、甘味、塩味、苦味、うま味の5種に区別され、舌だけが感じとることができる。

❷ 深部感覚

筋肉や腱にある受容器から得られる身体各部の位置、運動などを認識する感覚であり、自分の手足の位置や関節の角度を感じとり、姿勢や動きを認識することができる。

> 手足を動かした感覚や、肘を曲げた時の曲がっている感覚のこと

❸ 内臓感覚

内臓の動きや炎症などを感じて、内臓痛を認識する感覚である。内臓感覚は**鈍い感覚**であり、細かい部位の特定はできない。

9 血液系

（1）血液の組織

血液は、次のように組織されている。

図表 血液の組織図

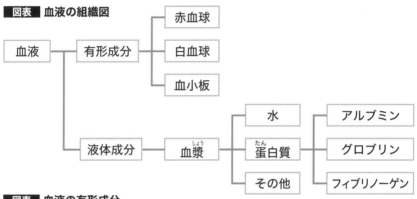

図表 血液の有形成分

有形成分	数（1㎣中）	寿命	特徴
赤血球	男性約500万 女性約450万	約120日	（ア）骨髄で産生される。 （イ）ヘモグロビン（細胞中28％）がO_2を組織に運搬し、CO_2を組織から肺へ運搬する。 （ウ）赤血球の数やヘモグロビンの数が正常以下となった状態⇒貧血 （エ）ヘマトクリット（Ht） 全血液の容積に対する赤血球の容積の割合のこと。 一般的に男性約45％、女性約40％といわれる。貧血になるとその値が低くなる。 （オ）血液の凝集反応（赤血球が寄り集まり塊となる）とは、赤血球表面にある凝集原と血漿中の凝集素との間で生じる反応である。
白血球	男女ともに 4,000～ 8,500	約3日 ～4日	細菌やウイルスを貪食する。 次のような白血球がある。 リンパ球：Bリンパ球（抗体を産生）とTリンパ球（細菌や異物を認識し攻撃する）等の免疫作用がある。 多核顆粒性白血球：好中球（食菌作用があり、アメーバ様運動を行う。）、好酸球、好塩基球がある。

> 血液の中には赤血球や白血球、血漿と様々な形のある有形成分が流れている。
> そのうち赤血球が集まって塊状に固まる現象を凝集反応と呼ぶ。

> 貪食とは、細菌などの異物を細胞内に取り込み消化することを指す。

血小板	男女ともに 15万～35万	約1週間	直径2～3μmの核を持たない不定形細胞。血管外で破裂する。血液の凝固作用を促進する。

\試験でこう出る！/

血液の有形成分については、次のように出題される。

①白血球のリンパ球の働きについて

Bリンパ球とTリンパ球の働きが入れ替えて出題される。語呂合わせで「Bリンパ球」の働きを覚えよう。

語呂合わせ

ビリ交代　抗原おさえる　グロブリン
Bリンパ球　抗体

②血液成分の男女差について

血液の成分は男女によって、その量が異なるものと男女差がないものがある。

男女差がないものは血小板数と白血球数の2つである。「男女差のないもの」を選ぶ問題が出題されるため、語呂合わせで覚えよう。

語呂合わせ

男女とも　化粧の白さ　差異はなし
血小板数　　白血球数

図表 血液の液体成分

液体成分	特徴
血漿	(ア)血液全体の55％程度。 (イ)成分は水が91％、残りは溶質で、蛋白質（7％）・糖質・脂質・その他 (ウ)血漿蛋白は肝臓で作られ、アルブミン、グロブリン、フィブリノーゲンから成る。 　a.**アルブミン**：血液浸透圧の維持 　b.**グロブリン**：免疫物質の抗体 　c.**フィブリノーゲン**：フィブリンに変化し血液凝固作用を持つ (エ)血液の凝固作用は、血漿中の水溶性の**フィブリノーゲン**（線維素原）が不溶性の**フィブリン**（線維素）に変化して起こる。

(2)血液検査項目

血液は、人間の健康状態をよく現すため、様々な検査が行われる。

❶ 肝機能検査

γ-GTP：正常な肝細胞に含まれる酵素。肝機能の異常時、特にアルコール摂取で高値になる。

❷ 脂質検査

ア．血清トリグリセライド（中性脂肪）

空腹時に高値が維持する場合、動脈硬化のリスク有。

イ．HDLコレステロール（善玉コレステロール）

低値で動脈硬化のリスク有。

ウ．LDLコレステロール（悪玉コレステロール）

高値で動脈硬化のリスク有。

＼試験ではこう出る！／

試験では、HDLコレステロール(善玉コレステロール)とLDLコレステロール(悪玉コレステロール)を入れ替えて出題してくる。語呂合わせで覚えよう。

善玉コレステロールの覚え方

ステテコの　エチゼンさんは　腰低し
エチ／ゼン
HDL＝善玉　　低値で動脈硬化のリスク

悪玉コレステロールの覚え方

高飛車な　Ladyは悪の　親玉よ
レディ
高値で動脈硬化のリスク　　LDL＝悪玉

❸ 血糖値検査

ヘモグロビンA1c：過去2～3か月の**平均的な血糖値を表す数値**で、直前の食事に影響されず、糖尿病のコントロールの経過をみるためにも用いられる。

❹ 尿酸検査

尿酸：体内のプリン体と呼ばれる物質の代謝物で、肝臓で産生され尿
から排泄されるが、産生が増えたり排泄が低下したりすると血
中の尿酸値が高くなる。また、高尿酸血症は関節の痛風や尿路
結石の原因となり、動脈硬化との関連も指摘されている。

❺ 血液型検査

ＡＢＯ式血液型：**赤血球**の血液型分類で、赤血球の抗原と血清中の抗
体によって分類される。例えば**A型の血清は抗B抗
体をもつ**。血液型の分類は次の図の通り。

血液型	赤血球の抗原	血清の抗体	血液型	赤血球の抗原	血清の抗体
A	A	抗B	O	AもBもなし	抗A・抗B
B	B	抗A	AB	A・B	抗Aも抗Bもなし

※血清とは、血漿からフィブリノーゲンを除いたもの。

\試験でこう出る！/

　血液型の問題は、赤字部分さえ覚えてしまえば、ほぼ確実に正誤判定
することができる。
　血液型は「赤血球」の分類であるのに、「白血球」という誤りを出題
してくる。また、A型の血清は「抗B抗体」を持っているのに「抗A抗
体」という誤りを出題してくる。
　赤字部分をしっかりおさえよう。

A型の血液をB型に輸血できないのはなぜ？

「同じ血液型にしか輸血できない」というのは、有名な話であるが、その理由は「赤血球の抗原」と「血清の抗体」に秘密が隠されている。

血液の中の赤血球の表面には糖や蛋白質がついており、それぞれ形が決まっている。この赤血球の表面の物質を抗原と呼ぶ。

この赤血球の抗原により、血液型はA型、B型、O型、AB型と分けられている。

同時にそれぞれの抗原に対して反応する物質を抗体と呼ぶ。

例えばA型はB抗原に反応する抗B抗体、B型ならA抗原に反応する抗A抗体を持っている。

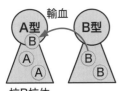

A型の人にB型の血液を輸血すると抗B抗体を持つA型の体にB抗原が入ってしまう。

A型の持つ抗B抗体は入ってきたB抗原に反応し、B抗原を持つ赤血球にくっついて全部固めてしまい、赤血球を壊してしまう（赤血球の凝集を起こしている）。

同じ血液型しか輸血ができないといわれる理由である。

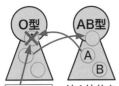

なおO型はA抗原もB抗原も持っていないため、O型の血液は他の抗体に反応されることはない。

➡ O型の血液はA型、B型、AB型に輸血可能。

反対にO型は抗A抗体と抗B抗体を両方持っているため、他の血液型の輸血を受けることはできない。

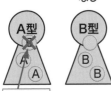

AB型はA抗原とB抗原を両方持っているため、他の血液型に輸血できない。

代わりに抗A抗体も抗B抗体も持っていないため、他の血液型相手でも輸血を受けることができる。

ただし輸血の種類によっては条件が異なることもあるため、現代医療においては万全を期して、ほぼ同型同士のみで行われている。

10 免疫系

（1）免疫

　免疫とは、細菌やウイルスなどの異物が体内へ侵入するのを防いだり、侵入した異物を排除したりする仕組みのことである。体液性免疫と細胞性免疫がある。

> 抗原は体の外から入ってくる敵、抗体は体を守る味方とイメージしてしまおう！

❶ 抗原

　免疫に関係する細胞によって異物として認定される物質。蛋白質や糖質等がある。

❷ 抗体

　体内に入ってきた**抗原**に対して**体液性免疫**において作られる**免疫グロブリン**と呼ばれる蛋白質。

❸ 体液性免疫

　リンパ球が体内に侵入した病原体等の異物を**抗原**と認識し、その**抗原**に対してだけ反応する**抗体**を血漿中に放出する。この**抗体**が**抗原**に対して特異的に結合して抗原の働きを抑制する。

❹ 細胞性免疫

　リンパ球が病原体等の異物を直接攻撃すること。

❺ リンパ球

　体液性免疫に関与し抗体を作るＢリンパ球と、細胞性免疫に関与し異物を直接攻撃するＴリンパ球がある。

＼**試験**ではこう出る！／

　体液性免疫の穴埋め問題が出題される。穴になる赤字部分を覚えよう。

第**3**章

労働生理

（2）アレルギー

❶ アレルギー

抗体が特定の抗原に対して過剰に反応し、人体の組織や細胞に傷害を与えてしまうことをいう。主なアレルギー疾患には、気管支ぜんそくやアトピー性皮膚炎、食物アレルギー、薬剤アレルギー、金属アレルギー等がある。

❷ アレルゲン

アレルギーの原因となる抗原。

（3）免疫不全

免疫不全とは、免疫の機能が失われたり低下したりすることをいう。免疫不全になると、感染症になったり、がんに罹患しやすくなったりする。

1 ストレス

　人間は、その取り巻く環境に心身ともに順応しようとする。その反応をストレスと呼び、反応の原因となる刺激をストレッサーと呼ぶ。

➡ よく「人間関係のトラブルがストレスになる」等と表現するが、「人間関係のトラブル」は"ストレッサー"であり、それによって心身におこる反応が"ストレス"である。

❶ ストレッサー

その強弱や質により影響の度合いは異なる。

　過度のストレッサーは、自律神経系と内分泌系を介して、心身の活動を抑圧することになるが、適度なストレッサーは活動の亢進や意欲の向上等をもたらす。

　昇進や昇格がストレッサーとなることもあり、また騒音や気温等の物理的要因がストレッサーとなることもある。

❷ ストレス反応の特徴

　ストレス反応は**個人差が大きい**。

　典型的なストレス反応として、ノルアドレナリン、アドレナリン等のカテコールアミンや副腎皮質ホルモンの分泌の**著しい増加**がみられる。

> ストレッサーから体を守ろうとする動きもストレス反応である。
> 血糖量を増やして体を守ろうとするため、血糖量を増やすホルモンをたくさん分泌している。

第3章　労働生理

2 体温

①**体温調節中枢**は間脳の**視床下部**にある。

②不感蒸泄とは、発汗が行われていない状態で、常時水分が蒸発する状態をいい、1日に約900gが蒸発している。これに伴う放熱は全放熱量の約25%である。

③外界が高温になると皮膚の血管が**拡張**することで**皮膚の血流量が増加**して、皮膚の表面温度が**上昇**するため、放熱が促進される。

④外界が低温になると皮膚の血管が**収縮**することで**皮膚の血流量が減少**して皮膚の表面温度が**低下**するため、放熱が抑制される。

> 温熱性発汗は暑い時にかく体温調節の汗であり、精神性発汗は緊張など精神的な原因でかく汗のこと。

⑤温熱性発汗とは、体熱を放散する役割を果たす発汗のことであり、全身でみられる。

⑥精神性発汗とは、精神的緊張や感動による発汗のことであり、特に手の平、足の裏、脇の下、額でみられる。

⑦皮膚表面から水1gが蒸発すると、0.58kcalの気化熱が奪われる。また、人体の比熱は約0.83kcal/kg・℃である。

　計算上、**100g**の汗が体重70kgの人の体表面から蒸発すると、気化熱が奪われ、体温を約1℃下げることができる。

> だから汗をかくと
> 体温を下げることができる！

⑧**恒常性（ホメオスタシス）**とは、身体の内部環境を常に一定状態に保とうとする生体特有の働きである。

➡例えば外がどれだけ暑かったり寒かったりしても、人の平熱は36℃前後に保たれる。

③と④は体温調節の仕組みであり、それぞれ反対の反応になっている
ため、一方を覚えてしまえば、もう一方も解くことができる。覚えやす
い方を覚えよう。

1 疲労と睡眠

（1）疲労

①精神的疲労の占める割合が増加してきている。

②メッツ（METs）

身体活動の強さを安静時の何倍に相当するかで表す単位である。

1メッツ：座って安静にしている状態

3メッツ：普通歩行

> 普通に歩くのは座っている状態の
> 3倍きついということ！

③疲労の自覚的症状を捉えるものに、厚生労働省の「労働者の疲労蓄積度自己診断チェックリスト」等の調査票による方法がある。

④疲労の他覚的症状を捉えるものに、フリッカー検査（光のちらつき検査）、2点弁別閾検査（感覚神経の機能を調べる方法）、心拍変動解析（自律神経の機能を調べる方法）等がある。

（2）睡眠

❶ 睡眠中の体の特徴

睡眠中には副交感神経の働きが活発となり、心臓の働きを抑制する。

睡眠中には体温の低下、呼吸数の減少がみられる。

❷ 眠りの種類

人の体はレム睡眠とノンレム睡眠を交互に周期的に繰り返すことで、体や脳を休めている。

入眠の直後にはノンレム睡眠が生じ、これが不十分な時には、日中に眠気を催しやすい。

レム睡眠（浅い眠り）：眠っている間に閉じた瞼の裏側で目玉が左右に動く眼球運動が特徴。主に体を休める。

ノンレム睡眠（深い眠り）：眼が動くことはないぐっすりとした眠り。主に脳を休めている。

❸ 睡眠と覚醒のリズム

　人は地球の自転による 24 時間周期の昼夜変化に同調して、ほぼ 1 日の周期で体内環境を積極的に変化させる機能を持っている。

　体内時計：体内で 1 日のリズムを刻む仕組み。周期は、一般に約 25 時間であり、外界の 24 時間周期に同調して約 1 時間のずれが修正される。

　サーカディアン・リズム（概日リズム）：
　睡眠と覚醒のリズムのように 1 日の周期で繰り返される生物学的リズムのこと。

　概日リズム睡眠障害：
　体内時計の周期を外界の 24 時間周期に適切に同調させることができないために生じる睡眠の障害のこと。

❹ 就寝時等

　睡眠と食事は深く関係しているため、就寝直前の過食は、肥満のほか不眠を招くことになる。

　一般に、夜間働いた後の昼間に睡眠する場合は、就寝から入眠までの時間が長くなり、睡眠時間が短縮し、睡眠の質も低下する。

> 朝に自然と目が覚めるのはコルチゾールのおかげ。
> 夜に眠くなるのはメラトニンが増えるから。

❺ 睡眠に関する主なホルモン

　コルチゾール：血糖値に関するホルモンで、通常明け方から分泌量が増加し始め、起床前後に最高値となる。

　メラトニン：夜間に分泌が上昇するホルモンで睡眠と覚醒のリズムに関与している。

ⅰ）レム睡眠とノンレム睡眠

レム睡眠とノンレム睡眠を入れ替えて出題される。

レム睡眠はRapid Eye Movement（REM）といい、眠っている間の閉じた瞼の裏側で目玉が左右に動いていることが特徴である。急速眼球運動が名前の由来で、REM睡眠をレム睡眠と呼んだ。

一方、ノンレム睡眠は睡眠中に眼球が動かないため、眼が動かないという意味でNon-REM睡眠が名前の由来である。眼が動いているような浅い眠りと、眼が動かない深い眠りとイメージで覚えよう。

ⅱ）睡眠に関わるホルモン

睡眠に関するホルモンとして代表的なものは、コルチゾールとメラトニンである。

試験では他のホルモンを睡眠に関わるホルモンであるとの誤りの選択肢として出題してくる。

睡眠に関するホルモンは、コルチゾールとメラトニンを覚えよう。

第4章

関係法令

（有害業務に係るもの）

第1種のみの科目

1 有害業務とは

　有害業務は、作業方法や作業環境の管理が適切に行われないと労働者の健康に影響を与えるおそれのある業務や、有害な物質により健康障害を引き起こすおそれのある業務であり、次のような業務を指す。

①多量の高熱物体を取り扱う業務及び著しく暑熱な場所における業務

　（例）ガラス製品を成形する工場での業務等

②多量の低温物体を取り扱う業務及び著しく寒冷な場所における業務

　（例）ドライアイスを大量に扱う業務や、冷凍庫の庫内業務等

③ラジウム放射線、エックス線その他有害放射線にさらされる業務

　（例）エックス線や放射線を用いる医療の業務や検査の業務等

④土石、獣毛等のじんあい、または粉末を著しく飛散する場所における業務

　（例）動物園の飼育員の業務や厩舎の業務、粉じんの舞う場所での業務等

⑤異常気圧下における業務

　（例）潜水士の業務等

⑥削岩機、鋲打機等の使用によって身体に著しい振動を与える業務

⑦重量物の取扱い等重激な業務

　（例）運送業務等

⑧ボイラー製造等強烈な騒音を発する場所における業務

⑨鉛、水銀、クロム、砒素、黄りん、弗素、塩素、塩酸、硝酸、亜硫酸、硫酸、一酸化炭素、二硫化炭素、青酸、ベンゼン、アニリンその他これに準ずる有害物の粉じん、蒸気またはガスを発散する場所における業務

⑩その他厚生労働大臣の指定する業務

2 安全衛生管理体制

　安全衛生管理体制は第1種・第2種共通の範囲である関係法令（有害業務に係るもの以外のもの）でも出題されたポイントである。衛生管理者や産業医等の選任について有害業務が関わる部分が出題される。

（1）衛生管理者

図表 衛生管理者の選任まとめ

常時使用する労働者数	衛生管理者数	次の業務に30人以上の事業場		通常の事業場
		(a)寒冷、振動、重激、騒音	(b)坑内、暑熱、放射線、粉じん、異常気圧、ガス	
50　　～200人	1人以上			
201　～500人	2人以上			
501　～1,000人	3人以上	・少なくとも1人は専任	・少なくとも1人は専任 ・少なくとも1人は衛生工学衛生管理者免許保有者	少なくとも1人は専任
1,001　～2,000人	4人以上			
2,001　～3,000人	5人以上			
3,001人～	6人以上			

❶ 衛生管理者の専任

　常時使用する労働者数が1,000人を超える場合、もしくは常時使用する労働者数が**500人を超え、かつ表内の（a）または（b）の業務に30人以上の労働者**が従事していた場合、複数いる衛生管理者のうち少なくとも1人は**専任の衛生管理者**としなければならない。

❷ 衛生管理者の免許

　常時使用する労働者数が**500人を超え、かつ表内の（b）の業務に30人以上**が従事している場合、複数いる衛生管理者のうち少なくとも1人は**衛生工学衛生管理者免許保有者**のうちから選任しなければならない。

ポイント　寒冷、振動、重激、騒音業務は衛生工学衛生管理者いらない！

（２）産業医

図表 産業医の専属まとめ

常時使用労働者数	産業医数	次の業務に500人以上の事業場 深夜、坑内、有害、病原体等	通常の事業場
50　　～499人	1人以上		
500　　～999人	1人以上	専属の者	
1,000　～3,000人	1人以上		専属の者
3,001人～	2人以上		

※病原体とは「病原体によって汚染のおそれが著しい業務」の略称

　常時使用する労働者数が1,000人以上の場合、もしくは**深夜業**、坑内労働、有害業務、病原体によって汚染のおそれが著しい業務に**500人以上**が従事する場合、**産業医はその事業場に専属の者を選任**しなければならない。

＼**試験**ではこう出る！／

　試験では事例問題として出題される。赤字のポイントに注意しよう。

（３）作業主任者

　作業主任者は、労働災害を防止するため、作業の指揮や使用する機械の点検、機械等に異常を認めた時の必要な措置、安全装置等の使用状況の監視等を行う。

　都道府県労働局長の免許を受けた者、または都道府県労働局長の登録を受けた者が行う技能講習の修了をした者から選任しなければならない。

❶ 作業主任者の選任

　次の表に定められた作業を労働者に行わせる場合、作業主任者を選任しなければならない。

図表 作業主任者の選任

選任が必要な作業	選任が不要な作業
高圧室内作業　● ガンマ線透過写真の撮影の作業　● エックス線業務に係る作業　● 特定化学物質を製造・取り扱う作業等 　（硫酸を用いて行う洗浄の作業　等） 鉛業務に係る一部の作業 　（鉛蓄電池の解体工程において鉛等を 　人力で運搬する作業　等） 四アルキル鉛業務に係る作業 第1種酸素欠乏危険場所における作業 　（飼料を貯蔵するサイロの内部におけ 　る作業、石炭の入ったホッパー内の作 　業　等） 第2種酸素欠乏危険場所における作業 有機溶剤業務に係る作業 石綿等を取り扱う作業 　　　　　　　　　　　　　　　　等	はんだづけ作業 試験研究のために特定化学物質を取り 扱う作業 　（試験研究業務としてベンゼンを取り 　扱う作業　等） 試験研究のために有機溶剤を取り扱う 作業 レーザー光線の作業 　（レーザー光線による金属加工の作業 　等） 騒音作業 　（強烈な騒音　等） 潜水作業　● 　（潜水器を使いボンベからの給気を受 　けて行う潜水作業　等） 溶接した鉛を用いて行う金属の焼入れ の業務に係る作業 セメントを袋詰めする作業 　　　　　　　　　　　　　　　　等

＼**試験**ではこう出る！／

作業主任者の選任が必要な作業か不要な作業かを問われる。

出題パターンの少ない"不要な作業"を覚えよう。

語呂合わせ

痩せるため　走れ主任者　温泉へ

焼入れ　セメント　はんだ　試験　レーザー　騒音　潜水

(4)免許

特に危険・有害な業務については、その業務に就くために免許や技能講習などの資格が必要となる。

次の業務を行うためには都道府県労働局長の免許の交付を受ける必要がある。

① 高圧室内作業主任者免許
② 潜水士免許
③ ガンマ線透過写真撮影作業主任者免許
④ エックス線作業主任者免許　　　　等

\ **試験**ではこう出る！/

免許の名称が出題され、労働安全衛生法で定められた免許かどうかが問われる。語呂合わせで覚えよう。

語呂合わせ

高圧で	潜って	ガンへ	エックス線
↓	↓	↓	↓
高圧室内	潜水士	ガンマ線	エックス線

3 労働衛生保護具

（1）譲渡・貸与・設置の制限

次の①〜⑧の保護具は、厚生労働大臣が定める規格または安全装置を具備しなければ、譲渡し、貸与し、または設置してはならない。

① 波高値による定格管電圧が 10kV 以上の**エックス線装置**（特定の医療機器のもの等を除く）

② **再圧室**

③ **潜水器**

④ **ガンマ線照射装置**（特定の医療機器のものを除く）

⑤ **チェーンソー**（内燃機関を内蔵するものであって、排気量が 40 ㎤以上のものに限る）

⑥ **電動ファン付き呼吸用保護具**

⑦ **防じんマスク**（ろ過材または面体を有していないものを除く）

⑧ **防毒マスク**（ハロゲンガス用・有機ガス用・一酸化炭素用・アンモニア用・亜硫酸ガス用に限る）

> 防毒マスクの中で制限がかかるのはこの5種類だけ！
> 他のマスクは対象外！

\ **試験**ではこう出る！ /

保護具の中での上記の制限のある保護具に該当するか該当しないかが問われる。

語呂合わせを使って制限ありの保護具を覚えよう。

語呂合わせ

サックスの	先端ガチファン	ひげぼうぼう
再圧室 エックス線	潜水器 / チェーン / 電動 ガンマ線 / ソー / ファン	防じん / 防毒 マスク / マスク

参考 その他の労働衛生保護具

　労働衛生保護具には多くの種類があり、試験には次の保護具が出題されることもあるが、譲渡等の制限はない。

酸素呼吸器・検知管方式による一酸化炭素測定器・硫化水素用防毒マスク・遮光保護具・送気マスク・放射線測定器・化学防護服・放射線物質汚染に対する防護服・聴覚保護具（防音保護具）・防振手袋 等

4 定期自主検査

　事業者は労働安全衛生法で定められた設備や装置について、定期的に自主検査を行わなければならない。

（1）定期自主検査の要否

　一部の化学物質等は物質ごとに設置が必要な設備や装置の種類が定められている。

　例えば、アンモニア等の第3類特定化学物質を扱う作業場では、特定化学設備の設置が必要であり、第1種有機溶剤等や第2種有機溶剤等を取り扱う作業場では、局所排気装置やプッシュプル型換気装置の設置が必要であり、定期自主検査を行わなければならない。

＼**試験**ではこう出る！／

　物質と設備等の組合せによって、自主検査が定められているのか・定められていないのかが問われる。
　試験ではその物質に対して設置の必要がない設備等が出題されることもある。次の表の頻出のものを覚えよう。

図表 定期自主検査の要否についてよく出題されるもの

区分	物質名	設備	定期自主検査の実施の要否
第3類特定化学物質	フェノールアンモニア	特定化学設備	○
		排液処理装置	×
		局所排気装置プッシュプル型換気装置	×
	塩酸（塩化水素）硫酸	排液処理装置	○
		局所排気装置プッシュプル型換気装置	×
	一酸化炭素	排ガス処理装置	×
		局所排気装置	×
第1種有機溶剤	二硫化炭素	局所排気装置プッシュプル型換気装置	○
第2種有機溶剤	アセトン酢酸メチル酢酸エチル		

取り扱う物質に関わらず、全体換気装置は定期自主検査実施の対象外！

　設備や作業内容に関わらず、木材、エタノール等は定期自主検査実施の対象外！

参考 換気設備

①全体換気装置

　窓を開けたり、換気扇を回すことによって新鮮な空気を取り込み、汚れた空気を外へ排出し、空気の入れ替えを行う方法。扱う化学物質の有害性が低いといった健康障害が起こりにくい事業場でないと使用できない。

②局所排気装置

　フードと呼ばれる吸い込み口から汚れた空気を吸気し、空気清浄装置を通して外へと排気する装置である。イメージとしては焼肉屋等にある煙を吸い込んで外へ排気する装置が該当する。

③プッシュプル型換気装置

　空気の吹き出し口（プッシュ）と吸い込み口（プル）を設けることで、室内に一定の風の流れを作る方法である。空気の流れる向きが決まっているため、風上に立つことで有害な空気を吸い込まずに作業することが可能となる。

■図表■ 換気設備のイメージ図

全体換気　　　　　局所換気　　　　　プッシュプル(型)換気

（2）定期自主検査の頻度

事業者が行わなければならない定期自主検査の実施頻度は次の通りである。

図表 定期自主検査の頻度

設備等	実施頻度
ガンマ線照射装置（透過写真撮影用）	1か月以内ごとに1回
局所排気装置・プッシュプル型換気装置(注)	1年以内ごとに1回
除じん装置(注)	
排ガス処理装置(注)	
排液処理装置(注)	
特定化学設備及びその附属装置	2年以内ごとに1回

（注）特定の有害作業場に設置されている場合に実施。

試験ではこう出る！

設備や装置ごとの定期自主検査の頻度について、"1年以内ではないもの"が問われる。定期自主検査の対象となるほとんどの設備や装置において、自主検査の頻度は1年以内であるため、1年以内ではないものを2つだけ覚えよう。

語呂合わせ

自主検査　ガンマひと月　特化2年

他の設備や装置が出てきたら、残りは全部1年以内！

（3）定期自主検査の記録

事業者は定められた頻度で自主検査を行い、その記録を3年間保存しなければならない。

所轄労働基準監督署長への**報告は不要**である。

5 有害物に関する規制

（1）製造等の禁止・許可

　一部の化学物質は重度の健康障害を起こす可能性が非常に高いため製造等に規制がかけられている。

図表 製造等の禁止・許可物質

製造等の禁止	製造の許可
• ベータ-ナフチルアミン及びその塩 • 黄りんマッチ • 4-アミノジフェニル及びその塩 • 4-ニトロジフェニル及びその塩 • ビス（クロロメチル）エーテル • ベンジジン及びその塩 • ベンゼンを含有するゴムのり 　（ベンゼンの容量が5％超） • 石綿	• ジクロルベンジジン及びその塩 • アルファ-ナフチルアミン及びその塩 • 塩素化ビフェニル（PCB） • オルト-トリジン及びその塩 • ジアニシジン及びその塩 • ベリリウム及びその化合物 • ベンゾトリクロリド

原則、日本国内で作ることも、
日本に持ち込むことも禁止！

日本国内で作るなら
厚生労働大臣の許可が必要！

\ **試験**ではこう出る！/

　化学物質のうち、製造等の禁止・許可物質に該当するか・該当しないかが問われる。語呂合わせで覚えよう。

製造等禁止物質の覚え方

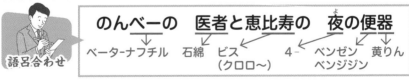

のんベーの	医者と恵比寿の	夜の便器

語呂合わせ
ベーター-ナフチル　石綿　ビス　　　　　　4-　ベンゼン　黄りん
　　　　　　　　　　　　（クロロ～）　　　　　　　　ベンジジン

製造許可物質の覚え方

語呂合わせ

あるべんぞう　べりっと軸折る　塩ニシン

アルファ～　　　　ベリリウム　　　　　オルト-　塩素化～　ジアニ
ベンゾトリクロリド　ジクロルベンジジン　トリジン　　　　　シジン

（2）表示等

❶ 容器等への表示

　爆発性の物や引火性の物といった労働者に危険を生ずるおそれのある物や、製造に許可が必要な物質のような有害性が高い物質を入れた容器や包装には次の内容を表示しなければならない。

　なお、容器に入れた状態で包装をする場合は、**容器に表示**をしなければならない。また、別容器等で保管する際にも、次のア・イを文書等により明示しなければならない。

　ア．名称

　イ．人体に及ぼす作用

　ウ．貯蔵または取扱い上の注意

　エ．表示をする者の氏名(法人にあっては、その名称)、住所及び電話
　　　番号

　オ．注意喚起語

　カ．安定性及び反応性

＼**試験**ではこう出る！／

　容器等への表示をしなければならない事項に"該当しないもの"が問われる。

　「適用される法令」と「危険物及び有害物の含有量を測定した者の氏名もしくは法人名」は該当しない。

❷ 表示の方法

　容器または包装に表示事項等を直接印刷し、または表示事項等を印刷した票箋を貼り付ける。これが困難なときは、表示事項等のうち名称以外の表示事項等を印刷した票箋を、容器または包装と紐づけることにより表示する。

6 安全衛生教育（特別教育）

（1）特別教育（安全または衛生のための特別の教育）が必要な主な業務

事業者は危険または有害な業務に労働者をつかせる時は、その業務に関する安全または衛生のための特別の教育を行わなければならない。

①チェーンソーを用いて行う立木の伐木、かかり木の処理または造材の業務

②ガンマ線照射装置を用いた透過写真撮影業務

③酸素欠乏危険場所における作業に係る業務

④エックス線照射装置を用いた透過写真撮影業務

⑤四アルキル鉛等業務

⑥東日本大震災により生じた放射性物質により汚染された土壌等を除染する業務

⑦特定粉じん作業に係る業務

⑧廃棄物の焼却施設のばいじん及び焼却灰その他の燃え殻を取り扱う業務

⑨空気圧縮機を運転する業務

⑩再圧室を操作する業務

⑪高圧室内作業に係る業務

⑫石綿等が使用されている解体等対象建築物等の解体等の作業

⑬バルブまたはコック操作業務 等

業務のうち特別教育が必要な業務・不要な業務が問われる。特別教育が必要な業務の中でもよく出題される①〜⑬の業務を語呂合わせで覚えよう。

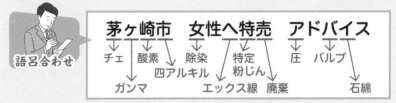

語呂合わせ

茅ヶ崎市　女性へ特売　アドバイス

チェ　酸素　　除染　　特定　　　圧　バルブ
　　　　　　四アルキル　粉じん
ガンマ　　　　　　エックス線　廃棄　　　　石綿

なお次のような"誤り"も出題されるため注意。

〈誤りのパターン〉

✕削岩機、チッピングハンマー等チェーンソー以外の振動工具を取り扱う業務

正しくは➡チェーンソー"以外"は特別教育の対象外。

✕エックス線回折装置を用いて行う分析の業務

正しくは➡特別教育が必要な業務は、エックス線照射装置を用いた透過写真撮影業務である。

　エックス線照射装置は使用方法を誤れば被ばく量が増え、病気などのおそれが大きくなるため、業務に従事する際には特別教育が必要となる。

（2）特別教育の留意点

　特別教育が必要な業務は労働災害の起こりやすい業務であるため、業務に就かせる前に作業内容についての基礎知識や設備等の点検方法、作業方法や救急処置等といった労働災害を防止するために必要な教育を受けさせなければならない。

（3）特別教育の記録の保存

特別教育の記録は3年間保存する。

所轄労働基準監督署長への**報告は不要**である。

ポイント　労働者に対する指導または監督の方法は特別教育に含まれない！

原則として特定化学物質及び有機溶剤を取り扱う作業に係る業務は対象外である！

7 作業環境測定

労働災害を防ぐためには作業場に有害な要素があるのかどうか、労働者が化学物質などにどれくらいさらされているのかを知らなければ対策することができない。作業場は健康障害の起こりにくいよい状態なのか、それとも悪い状況なのかを評価するために行う測定のことを作業環境測定という。

（1）作業環境測定が必要な作業場

作業環境測定は次の表の通りに行う。

図表 作業環境測定まとめ

作業場		測定対象	測定頻度	記録の保存
酸素欠乏危険場所		酸素・硫化水素濃度	作業開始前ごと	3年間
暑熱・寒冷または多湿		気温・湿度・輻射熱	半月以内ごとに1回	3年間
坑内	28℃を超える	気温	半月以内ごとに1回	3年間
	通気設備のある	通気量	半月以内ごとに1回	3年間
	炭酸ガス停滞	空気中濃度	1か月以内ごとに1回	3年間
放射線業務管理区域		外部放射線による線量率	1か月以内ごとに1回	5年間
放射線物質取扱い		空気中濃度	1か月以内ごとに1回	5年間
空気調和設備		$CO \cdot CO_2$濃度・室温・外気温・相対湿度	2か月以内ごとに1回	3年間
粉じん		空気中濃度	6か月以内ごとに1回	7年間
騒音		等価騒音レベル	6か月以内ごとに1回	3年間
特定化学物質（除く第3類）		空気中濃度	6か月以内ごとに1回	3年間[注1]
有機溶剤（除く第3種）		空気中濃度	6か月以内ごとに1回	3年間
石綿等		空気中濃度	6か月以内ごとに1回	40年間
一定の鉛業務		空気中濃度	1年以内ごとに1回	3年間

（注1）一定の特別管理物質については、30年保存しなければならない。
（注2）作業場の色付きの箇所は、指定作業場である。

それぞれの作業場の測定対象や測定頻度の組合せが出題される。具体的な作業場を出題してくることがあるため、注意が必要である。

例1 溶融ガラスからガラス製品を成型する業務を行う屋内作業場
➡ガラス製品を成型する作業場では、高温の炉を使用するため、作業場が非常に暑い。そのため暑熱な作業場に該当する。

例2 多量のドライアイスを取り扱う業務を行う屋内作業場
➡ドライアイスは冷凍食品の保存や保冷状態の維持などに使用される。大量に扱うと周囲の温度を下げるため、寒冷な作業場に該当する。

また測定頻度は赤字部分の6か月以内ごとに1回測定する場所がよく出題される。語呂合わせを使って覚えよう。

語呂合わせ

特有の　石の紛争　6か月
特定化学物質　有機溶剤　石綿　粉じん　騒音

（2）指定作業場

作業環境測定が必要な作業場のうち、次に示す作業場は指定作業場であり、事業場の作業環境測定士または作業環境測定機関に委託して、測定を行わなければならない。

【指定作業場】

• **有機溶剤**（除く第3種）を製造し、または取り扱う業務を行う屋内作業場

• 一定の**鉛**業務を行う屋内作業場

• **放射線**物質を取り扱う作業室（放射性物質取扱作業室及び事故由来廃棄物等取扱施設）

• **石綿**等を取り扱い、もしくは試験研究のため製造する屋内作業場

• 土石、岩石、鉱物、金属または炭素の**粉じん**を著しく発散する屋内作業場

• **特定化学物質**（除く第3類）を製造し、または取り扱う一定の業務

を行う屋内作業場等

➡指定作業場では作業環境測定士が測定を行わなければならない。
事業場に作業環境測定士がいないのであれば、作業環境測定機関
に委託をして測定を行わせなければならない。

作業環境測定士しか測定ができない作業場を
指定作業場と呼ぶ！

\試験ではこう出る！/

様々な作業場の種類が出題され、指定作業場に該当するもの・該当し
ないものが問われる。

語呂合わせ

夕飯に	生の	ほうとう	麺太し（ふと）		
↓	↓	↓	↓	↓	→特定化学
有機溶剤	鉛	放射線	石綿	粉じん	物質

（3）作業環境測定の記録の保存

（1）の表の通りに記録の保存をしなければならない。

所轄労働基準監督署長への**報告は不要**である。

8 健康診断

（1）特別の項目についての健康診断（特殊健康診断）を行うべき主な業務

　一定の有害な業務に従事する労働者に対しては、一般健康診断に加えて特別の項目についての健康診断（特殊健康診断という）を行わなければならない。特殊健康診断が必要な業務は次の通りである。

> 一部の業務では一般健康診断だけでは気づけない疾病が発生する可能性がある。疾病の早期発見には一般健康診断には含まれていない特別な項目の健康診断が必要！

①高圧室内作業及び潜水業務

②放射線業務

③特定化学物質等（第１類物質及び第２類物質、ただしエチレンオキシド等除く）の製造・取り扱う業務

④製造を禁止されている物質（石綿等を除く）を試験研究のため製造・使用する業務

⑤石綿等の取扱い、試験研究のための製造等に伴い石綿の粉じんを発散する場所における業務

⑥鉛業務

⑦四アルキル鉛等業務

⑧有機溶剤業務（屋内作業場、タンク、船倉等の内部等の場所での一定の業務）

⑨東日本大震災により生じた放射性物質により汚染された土壌等を除染するための業務

⑩じん肺法上の粉じん作業に係る業務

第4章　関係法令〈有害業務に係るもの〉〈第１種のみの科目〉

191

　様々な業務のうち、"特殊健康診断を行わなくてよい業務" が問われる。
　特殊健康診断の定めがない業務としてよく出題されているものは、酸素欠乏危険作業、特定化学物質第3類、第3種有機溶剤の3つである。語呂合わせを使って"特殊健康診断を行わなくてよい業務"を3つだけ覚えよう。

> サンがつくものが3つあるから
> サンザン（3・3）と覚えよう！

語呂合わせ

散々な　特殊健診　必要なし

酸素欠乏危険作業　特定化学物質第3類　第3種有機溶剤(※)

（※）タンク等内部の作業に従事する者の場合、実施対象

（2）特殊健康診断の留意点

❶ 特殊健康診断の継続

（1）のうち③④⑤の一部の業務については、現在従事していなくても過去に従事していれば特殊健康診断が必要である。

➡ （1）のうち、③④⑤の一部の業務では、当該業務に従事した後、長期間経過した後に健康障害が発生することがある（がんなどの晩発性の健康障害）。すでにその業務に従事しなくなっていたとしても、過去に従事したことが原因でがんなどを発症することもあるため、特殊健康診断は業務に従事しなくなってからも行わなければならない。

❷ 特殊健康診断の実施頻度

原則として、雇入時、配置替えの際及び**6か月**以内ごとに1回実施する。例外としてじん肺法上の粉じん作業に係る業務の特殊健康診断は、じん肺法の定める通り実施する。

なお、有機溶剤や一部の特定化学物質、鉛、四アルキル鉛の業務は一定の条件を満たせば1年以内ごとに1回に緩和することも可能。

❸ 特殊健康診断の結果報告

（1）のうち①～⑨に係る特殊健康診断（**定期のものに限る**）の結果報告書を所轄労働基準監督署長に提出する。

（1）のうち⑩については、じん肺の所見があると診断された労働者について、エックス線写真・結果を証明する書面を都道府県労働局長に提出する。

 ポイント 　所轄労働基準監督署長に報告が必要なものは「定期に行う特殊健康診断の記録」だけ！

（3）特殊健康診断の項目と結果の保存年数

> 特殊健康診断も労働安全衛生法で定められている健康診断の一部である。労働安全衛生法の体に関する記録の保存は5年間のものが多い！

図表 特殊健康診断の項目と結果の保存年数まとめ

業務	主な検査項目	検査方法	保存年数
有機溶剤業務	尿中の有機溶剤代謝物の量の検査、眼底検査 等	尿検査等	5年間
鉛業務	尿中のデルタアミノレブリン酸の量の検査 等		5年間
四アルキル鉛業務			5年間
電離放射線業務	白血球数及び白血球百分率の検査、皮膚の検査 等	血液検査等	30年間（注1）
放射性物質関連の除染等業務			30年間
特定化学物質業務	皮膚所見の有無の検査 等	皮膚の検査等	5年間（注2）
高気圧業務 潜水業務	四肢の運動機能の検査、鼓膜及び聴力の検査、肺活量の測定 等	手足の検査等	5年間
石綿等業務	胸部エックス線直接撮影による検査 等	胸のレントゲン撮影 等	40年間
じん肺法上の粉じん作業に係る業務	直接撮影による胸部全域のエックス線写真による検査 等		7年間

（注1）ただし、当該記録を5年間保存した後に厚生労働省の指定する機関に引き渡すときはこの限りではない。
（注2）特定化学物質のうち、特別管理物質の特殊健康診断結果の記録の保存は30年間である。

\ **試験**ではこう出る！/

　業務と検査項目の組合せについて出題される。問われるのは検査項目だが、検査方法を覚えることで検査項目のイメージをつかむことができる。まずは検査方法を覚えよう。

9 健康管理手帳

（1）健康管理手帳の交付

　特定の有害業務に従事していた労働者は、将来重篤な健康障害が生じるおそれがあるため、労働者の申請によって健康管理手帳が交付され、離職後の健康管理（特殊健康診断の実施）が行われる。健康管理手帳の交付は次の通りである。

➡一部の業務については、現在従事していなくても過去に従事していれば特殊健康診断が必要であり、本来は事業者が行うものであるが、労働者の定年退職などにより事業者が行えない場合もある。そのため対象者は離職の際または離職の後に都道府県労働局長に申請し、審査を経た上で健康管理手帳が交付される。手帳保持者は年に2回（じん肺の健康管理手帳については年1回）無料で特殊健康診断を受けることができる。

だれでも交付されるわけではなく、定められた化学物質を使用する業務に一定年数以上従事していることや、すでに健康障害を起こしていることが交付の条件となっている。

■図表 健康管理手帳交付まとめ

健康管理手帳	3か月以上従事	ベンジジン製造等
		ベータ-ナフチルアミン製造等
		ジアニシジン製造等
	2年以上従事	1,2-ジクロロプロパン取扱等
		3.3'-ジクロロー4.4'-ジアミノジフェニルメタン(MOCA)製造等
	3年以上従事	ビス(クロロメチル)エーテル製造等
		ベンゾトリクロリド製造等
	4年以上従事	クロム酸製造等
		塩化ビニル重合等
	5年以上従事	三酸化砒素製造等
		コークス製造等
		オルトートルイジン製造等
	管理2・管理3	粉じん作業
	結節性陰影	ベリリウム製造等
	不整形陰影・胸膜肥厚	石綿製造等
	1年以上従事し、ばく露した日から10年以上経過	

※粉じん作業の「管理区分2・管理区分3」とはじん肺健康診断を受け、経過観察の措置のこと。

\\ **試験**ではこう出る！ /

　健康管理手帳が交付される業務・交付されない業務が問われる。表の赤字部分のほか、交付されないものが出題されることが多いので、交付されない業務を語呂合わせで覚えよう。
　水銀・鉛・シアン化水素・硝酸を取り扱う業務は健康管理手帳の交付対象ではない。

語呂合わせ

銀メダル	生シャンパンで	賞賛す
↓	↓　↓	↓
水銀	鉛　シアン化水素	硝酸

1 労働安全衛生規則

（1）有害作業場の休憩設備

著しく暑熱、寒冷または多湿の作業場等の有害な作業場においては、坑内等特殊な作業場でやむを得ない事由がある場合を除き、休憩の設備を**作業場外**に設けなければならない。

（2）立入禁止場所

事業者は、次のア〜カの場所に関係者以外の者が立ち入ることを禁止し、かつ、その旨を見やすい箇所に表示しなければならない。

　　ア．多量の高熱物体又は低温物体を取り扱う場所及び著しく暑熱または寒冷な場所

　　イ．有害光線・超音波にさらされる場所

　　ウ．炭酸ガス濃度が1.5％を超える場所、酸素濃度が18％に満たない場所、硫化水素濃度が100万分の10（10ppm）を超える場所

　　エ．ガス、蒸気、または粉じんを発する有害な場所

　　オ．有害物を取り扱う場所

　　カ．病原体による汚染のおそれの著しい場所

参考 **その他労働安全衛生規則で定められている内容（一部抜粋）**

・**内燃機関の使用禁止**

　　自然換気が不十分な場所では、内燃機関を有する機械は使用禁止。ただし、換気する時はこの限りでない。

・**騒音の伝ぱの防止**

　　伝ぱ防止のための隔壁を設ける等の措置が必要である。

・**坑内の気温**

　　37℃以下としなければならない。

・**ダイオキシン類の濃度の測定**

　　廃棄物の焼却施設において焼却灰を取り扱う業務等を行う作業場

について、6か月以内ごとに1回、測定しなければならない。

- **病原体の処理**

　病原体により汚染された排気、排液または廃棄物については、消毒、殺菌等適切な処理をした後に、排出し、または廃棄しなければならない。

- **輻射熱からの保護**

　屋内作業場に多量の熱を放散する溶融炉等がある時は、加熱された空気を直接屋外に排出し、またはその放射する輻射熱から労働者を保護する措置を講じなければならない。

（3）自律的な管理を基軸とした化学物質管理

❶ばく露の程度の低減等

　リスクアセスメント（後述 p.258）の結果等に基づきリスク低減措置を講じ、労働者が化学物質にばく露する程度を最小限度にしなければならない。また、厚生労働省大臣の定める濃度基準値設定物質を製造または取り扱う屋内事業場においては、労働者が当該物質にばく露する程度を濃度基準値以下としなければならない。

　ばく露の程度を最小限度にするための措置等について、関係労働者の意見を聞く機会を設け、当該内容を労働者に周知しなければならない。また、記録を作成し3年間保存しなければならない。

❷皮膚等障害化学物質への直接接触の防止

　皮膚等に障害を与えるおそれのある化学物質等を製造または取り扱う際、事業者は、労働者に保護手袋等の保護具を使用させなければならない。

❸化学物質管理者・保護具着用管理責任者の選任

　一定の危険性・有害性が確認されている化学物質（リスクアセスメント対象物）を製造または取り扱う事業場において、**化学物質管理者**を選任しなければならない。

化学物質管理者を選任した事業場で、リスクアセスメントの結果に基づく措置として労働者に保護具を使用させる時、**保護具着用管理責任者**を選任しなければならない。

　化学物質管理者・保護具着用管理責任者は選任の事由が発生した日から14日以内に選任し、氏名掲示等により労働者に周知する必要がある。

■化学物質管理者の職務

事業場における次の化学物質の管理に係る技術的事項を管理する。

ア．ラベル表示、SDS交付等に関すること

イ．リスクアセスメントの実施に関すること

ウ．ばく露の程度の低減措置、リスクアセスメントの結果に基づく、措置の内容及びその実施に関すること

エ．リスクアセスメント対象物を原因とする労働災害が発生した場合の対応に関すること

オ．リスクアセスメント結果の記録の作成・保存・周知に関すること

カ．リスクアセスメント対象物の作業の記録の作成・保存・周知に関すること

キ．ア～エの事項の管理に当たっての労働者に対する必要な教育に関すること

■保護具着用管理責任者の職務

次の事項を管理する。

ア．保護具の適正な選択に関すること

イ．労働者の保護具の適正な使用に関すること

ウ．保護具の保守管理に関すること

2 有機溶剤中毒予防規則

　有機溶剤とは他の物質を溶かす性質を持った、炭素を含む化学物質をいう。様々な職場で、溶剤として塗装、洗浄、印刷等の作業に幅広く使用されている。

■図表■ 有機溶剤の種類等まとめ

種類	第1種有機溶剤等	第2種有機溶剤等	第3種有機溶剤等
物質例	二硫化炭素　等	アセトン、キシレン、酢酸メチル、トルエン、ノルマルヘキサン、メタノール　等	石油ベンジン、テレビン油、ミネラルスピリット　等
区別表示	赤色	黄色	青色
作業主任者	○	○	○
作業環境測定	○	○	×
特殊健康診断	○	○	×(注)
掲示事項	4項目(発生するおそれのある疾病の種類及びその症状、取り扱い上の注意事項、中毒発生時の応急措置、一定の事業場においては、保護具の使用義務作業場所)		

(注)タンク等内部の作業に従事する者のみ実施対象

(1)種類と対象範囲

❶ 種類

　有機溶剤は有害性によって3種類に区分される。一番有害性が高いものを第1種有機溶剤等、次に有害性が高いものを第2種有機溶剤等、大量にばく露した場合等に健康障害が起こりやすいものを第3種有機溶剤等と呼ぶ。

❷ 対象となる物質

　有機溶剤含有物として、規則の対象となるものは次の通りである。

- **有機溶剤含有物**：有機溶剤を重量の5%を超えて含有するもの
- **第1種有機溶剤等**：第1種有機溶剤等を重量の5%を超えて含有するもの　(a)

- **第2種有機溶剤等**：第2種有機溶剤等を重量の5％を超えて含有するもの（ただし a を除く）
- **第3種有機溶剤等**：第1種有機溶剤等と第2種有機溶剤等に区分されない有機溶剤等

（2）区分の表示

　有機溶剤等の区分を色分け及び色分け以外の方法により、見やすい場所に表示しなければならない。

　➡有機溶剤等を取り扱う作業場等に色分けした看板を掲示したり、取り扱う有機溶剤の容器等にそれぞれの区分ごとの色の表示を行う。第1種有機溶剤等を使用する場合は赤、**第2種有機溶剤等を使用する場合は黄色**、第3種有機溶剤を使用する場合は青色の表示が必要である。

（3）作業主任者・作業環境測定・特殊健康診断
❶ 作業主任者

　有機溶剤等を取り扱う作業場では、どんな種類の有機溶剤等を扱う場合であっても、作業主任者の選任が必要である。ただし、作業の目的が**試験研究のためであれば、作業主任者の選任は不要**である。

　また**有機溶剤作業主任者技能講習を修了した者のうちから有機溶剤作業主任者を選任**する。

❷ 作業環境測定

　第1種有機溶剤および第2種有機溶剤に係る有機溶剤業務を行う屋内作業場においては、作業環境測定を**6か月以内**ごとに1回行い、記録の保存は**3年間**である。

　また有機溶剤等を使用する作業場は指定作業場に該当するため、作業環境測定士が測定を行わなければならない。

ポイント 第3種有機溶剤等を取り扱う作業場では作業環境測定は不要！

作業主任者は有機溶剤を取り扱う作業場の作業環境測定を行うことはできない！

❸ 特殊健康診断

屋内作業場等において、第1種有機溶剤等及び第2種有機溶剤等を取り扱う作業の場合、特殊健康診断が必要である。

特殊健康診断は雇入の際、当該業務への配置替えの際及びその後原則**6か月以内ごと**に1回行い、記録の保存は**5年間**である。

> 記録の保存は原則3年、体は5年！

ポイント 屋外作業場は作業環境測定・特殊健康診断の対象外！

第3種有機溶剤等を取り扱う労働者の特殊健康診断は原則不要！

参考 規則について

衛生管理者試験では規則が出題される。法令は国のどこが制定したかによって呼び名が異なる。

国会が定めたものを法律、内閣が定めたものを政令(施行令)、各大臣が定めたものを省令や府令と呼ぶ。

法令の効果としては法律が最も強く、次が政令、次が省令や府令である。

憲法・法律を実施するために制定されるルールが政令(施行令)であり、各大臣が担当する行政事務について、法律等を施行したり委任について定めたりしたルールが省令や府令である。

労働安全衛生規則や有機溶剤中毒予防規則は労働安全衛生法の規則である。作業主任者や特別教育等については他の規則についても準用される。

（４）屋内作業場等での有機溶剤蒸気の発散源対策

　屋内作業場等において有機溶剤業務に従事させる時は、その作業場所に有機溶剤の発散源を密閉する設備・局所排気装置・プッシュプル型換気装置のいずれかを設けなければならない。

■**図表** 屋内作業場等での発散源対策

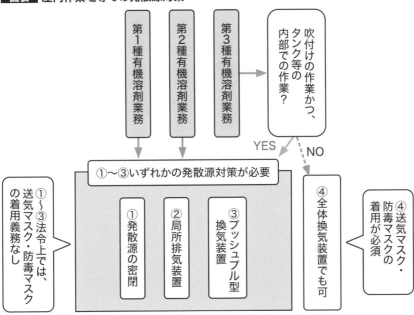

❶ 第１種有機溶剤等業務・第２種有機溶剤等業務

　必ず発散源対策（発散源の密閉、局所排気装置の設置、プッシュプル型換気装置の設置）のいずれかを行う。

　発散源対策後の送気マスクや防毒マスクの着用に関する定めはない。

❷ 第３種有機溶剤等業務

　作業の内容によって発散源対策の要否が異なる。タンク等の内部での作業（タンク等の内部における吹付けの作業や地下室での作業等）といった、労働者が第３種有機溶剤等の蒸気等に、ばく露しやすい環境では発散源対策のいずれかが必要である。一方でタンク等の内部での作業で

はないのであれば、発散源対策を行う義務はなく、全体換気装置でもよい。ただし**全体換気装置を設ける場合は送気マスクや防毒マスクの着用が必須**である。

参考 「タンク等内部での作業」について

「タンク等内部」とは、次の場所を指す。

- 地下室の内部その他通風が不十分な屋内作業場
- 船倉の内部その他通風が不十分な船舶の内部
- 保冷貨車の内部その他通風が不十分な車両の内部
- タンク、ピット、坑、ずい道、暗きょ、マンホール、箱桁、ダクトまたは水管のそれぞれの内部
- その他通風が不十分な場所
  （航空機、コンテナー、蒸気管、煙道、ダム、船体ブロックのそれぞれの内部等）

（5）設備の性能等

❶ 局所排気装置の性能

局所排気装置はフード（吸い込み口）の形状等で種類や性能が異なる。**囲い式**フードは装置自体の捕捉効果が高いため、制御風速は **0.4m/ 秒以上**でよい。一方で**外付け式**（上方吸引型を除く）は囲い式フードよりも捕捉効果が劣るため、制御風速は **0.5m/ 秒以上**必要となる。

制御風速とは、発散する有害物をフードで完全に捕捉吸引するのに必要な気流の速度をいう。

❷ 定期自主検査

作業場に設けた局所排気装置やプッシュプル型換気装置は原則として **1 年以内**ごとに 1 回、定期に自主検査を行い、その記録を 3 年間保存しなければならない。

❸ その他

排気口の高さは屋根から 1.5 m 以上としなければならない。

有機溶剤等を入れてあった空容器は、密閉するか、屋外の一定の場所に集積しておかなければならない。

3 特定化学物質障害予防規則

　特定化学物質とは、化学物質の中でも特に発がん性の高い物質や、大量にばく露することにより急性中毒等を引き起こす物質をいう。

(1)分類

　特定化学物質は次の通り分類される。

図表 **特定化学物質の分類**

① **第1類物質**：がん等の慢性障害を引き起こす物質のうち、特に有害性が高い物質

② **第2類物質** ──── 特定第2類物質：第2類物質のうち、特に漏えいに注意すべき物質

　　　　　　　├── 特別有機溶剤等(旧エチルベンゼン等)
　　　　　　　　　：蒸気による中毒の発生おそれ有
　　　　　　　　　• エチルベンゼン等
　　　　　　　　　• 1,2-ジクロロプロパン等
　　　　　　　　　• クロロホルム等：クロロホルム、四塩化炭素、1,4-ジオキサン、
　　　　　　　　　　　　　　　　　　　1,2-ジクロロエタン、ジクロロメタン、
　　　　　　　　　　　　　　　　　　　スチレン、1,1,2,2-テトラクロロエタン、
　　　　　　　　　　　　　　　　　　　テトラクロロエチレン、
　　　　　　　　　　　　　　　　　　　トリクロロエチレン(トリクロルエチレン)、
　　　　　　　　　　　　　　　　　　　メチルイソブチルケトン

　　　　　　　├── オーラミン等：尿路系器官にがん等の腫瘍を発生するおそれ有

　　　　　　　└── 管理第2類物質：上記3種に当てはまらない第2類物質

③ **第3類物質**：大量漏えいにより急性中毒を引き起こす物質

※第3類物質等：特定第2類物質と第3類物質の総称。
※特別管理物質：第1類物質と一部の第2類物質でがん原性物質等をいう。作業環境測定の
　　　　　　　　記録、作業の記録、特定化学物質健康診断個人票を**30年間**保存しなければ
　　　　　　　　ならない。

（2）種類、作業主任者、作業環境測定 等

種類	第1類物質	第2類物質	第3類物質
物質例	製造の許可が必要な物質（ジクロルベンジジン、アルファ‐ナフチルアミン、塩素化ビフェニル、オルト‐トリジン、ジアニシジン、ベリリウム、ベンゾトリクロリド） ＊物質ごと、かつ、製造するプラントごとに厚生労働大臣の許可が必要	特定第2類物質（エチレンオキシド、アクリルアミド、塩化ビニル、塩素、弗化水素、ベンゼン、ホルムアルデヒド、硫酸ジメチル等） 特別有機溶剤等（エチルベンゼン等、1,2‐ジクロロエタン等、クロロホルム等） オーラミン等（オーラミン、マゼンタ）管理第2類物質（アルキル水銀化合物、カドミウム、重クロム酸、コールタール、溶接ヒューム等）	アンモニア、一酸化炭素、硝酸、硫酸 等
作業主任者	◯	◯	◯
作業環境測定	◯	◯	×
特殊健康診断	◯	◯（注）	×

（注）エチレンオキシドとホルムアルデヒドは対象外。

❶ 作業主任者

　特定化学物質及び四アルキル鉛等作業主任者技能講習（特別有機溶剤業務に係る作業については、有機溶剤作業主任者技能講習）を修了した者のうちから特定化学物質作業主任者を選任する。

❷ 留意点

　特定化学物質の第1類物質は非常に発がん性が高く、製造に関する規制がされている。第1類物質を製造する場合、厚生労働大臣の許可が必要である。

　また、第1類物質を製造する作業場には発散源を密閉する設備、**囲い式フード**の局所排気装置またはプッシュプル型換気装置が必要である。

（3）事業廃止時の提出書類

　特別管理物質を製造・取り扱う事業者が事業を廃止する際は、次のア

～エの書類を所轄労働基準監督署長へ提出しなければならない。

　　➡特別管理物質は非常に発がん性が高いため、労働者は事業が廃止された後にがんを発症する可能性がある。事業廃止後にも労働災害の認定が行えるよう、労災認定に必要な書類は事業廃止時に労働基準監督署長に提出が必要である。

　　ア．特別管理物質等関係記録等報告書

　　イ．作業環境測定の記録

　　ウ．常時作業に従事した労働者について、氏名、従事した作業の概要、従事した期間、著しく汚染される事態が生じた際の概要及び応急措置の概要の記録

　　エ．特定化学物質健康診断個人票

\ **試験**ではこう出る！/

　　様々な書類のうち、所轄労働基準監督署長に"提出の必要がないもの"が問われる。提出の必要がないものだけ覚えよう。

ポイント　　定期自主検査の記録、作業主任者の選任届、特別教育の記録は提出の必要なし！

（４）用後処理

　　特定化学物質障害予防規則には、特定化学物質の用後処理として、除じん、排ガス処理、**排液処理**、残さい物処理及びぼろ等の処理の規定がある。その中の**排液処理**について、シアン化ナトリウムの場合には、**酸化・還元方式**もしくは**活性汚泥方式**による**排液処理**装置またはこれらと同等以上の性能を有する**排液処理**装置を設けなければいけない。

一部の化学物質は後始末のやり方まで定められている！
試験では穴埋め問題で出題される！

4 酸素欠乏症等防止規則

(1)種類と作業例

❶ 第1種酸素欠乏危険作業

酸素欠乏症にかかるおそれのある場所（酸素濃度 **18%**未満になるおそれのある場所）での作業

（作業例）

- 穀物や飼料の貯蔵、果菜の熟成等のために使用しているサイロ、むろ、倉庫、船倉またはピット内部における作業
- ドライアイスを使用している冷蔵庫、冷凍庫、船倉等の内部における作業
- 石炭、乾性油、魚油等を入れてあるタンク、船倉等の内部における作業
- 醤油、酒類等を入れてあるタンク、醸造槽の内部における作業

❷ 第2種酸素欠乏危険作業

酸素欠乏症と硫化水素中毒にかかるおそれのある場所（酸素濃度 **18%**未満かつ硫化水素濃度 **100万分の10（10ppm）を超える**となるおそれのある場所）での作業

（作業例）

- **海水**が滞留している暗きょ、マンホール、溝等の内部における作業
- **し尿、腐泥、汚水、パルプ液**等を入れてあるタンク、槽、暗きょ、マンホール等の内部における作業

(2)換気

酸素濃度 18%以上を保つように換気する。さらに、第2種酸素欠乏危険作業では酸素濃度とともに硫化水素濃度を 100万分の10（10ppm）以下に保つ。なお、換気にあたり純酸素は使用してはならない。

（3）作業主任者と特別教育

❶ 作業主任者

第１種酸素欠乏危険作業：酸素欠乏危険作業主任者技能講習または酸
素欠乏・硫化水素危険作業主任者技能講習
の修了した者から選任する。

第２種酸素欠乏危険作業：酸素欠乏・硫化水素危険作業主任者技能講
習の修了した者から選任する。

> 第２種酸素欠乏危険作業は硫化水素中毒のおそれがあるため、
> 硫化水素中毒も教えてくれる技能講習を修了する必要がある。

❷ 特別教育

第１種酸素欠乏危険作業及び第２種酸素欠乏危険作業の両方で特別教
育が必要である。

\ **試験**ではこう出る！ /

次のような誤りの選択肢が出題される。

〈誤りのパターン〉

✕海水が滞留したことのあるピットの内部における作業については、酸
素欠乏危険作業主任者技能講習を修了した者のうちから、酸素欠乏危
険作業主任者を選任する。

正しくは➡海水が滞留したことのあるピットの内部における作業は第２
種酸素欠乏危険作業に該当するため、酸素欠乏・硫化水素危険作業主
任者技能講習を修了した者から作業主任者を選任する。

✕汚水を入れたことのあるピットの内部における業務では、労働者に第
１種酸素欠乏危険作業に係る特別の教育を行わなければならない。

正しくは➡汚水を入れたことのあるピットの内部における業務は第２種
酸素欠乏危険作業に該当するため、第２種酸素欠乏危険作業に係る特
別教育が必要である。

（4）作業環境測定

第1種酸素欠乏危険作業：作業開始**前**に、空気中の酸素濃度を測定する。

第2種酸素欠乏危険作業：作業開始**前**に、空気中の酸素濃度及び**硫化水素濃度**を測定する。

➡酸素濃度が著しく低い場合、ひと呼吸で昏睡等の危険があるため、足を踏み入れる前に測定する。

　また第2種酸素欠乏危険作業では酸素欠乏に加えて硫化水素中毒のおそれがあるため、酸素濃度だけでなく硫化水濃度も測定する。

（5）保護具

　換気できない場合には、空気呼吸器・酸素呼吸器・送気マスクを使用する。

➡酸素欠乏のおそれがある場所では、空気ボンベや酸素ボンベを使用する空気呼吸器や酸素呼吸器、もしくはホース等で空気を給気する送気マスクを使用する。フィルターを使用して毒ガスや粉じんを除去するろ過式マスクは使用できない。

ポイント　　防毒マスク・防じんマスク・電動ファン付き呼吸用保護具は使用不可！

参考 その他

監視人等：常時作業の状況を監視し、異常があった時にただちに酸素欠乏危険作業主任者及びその他の関係者に通報する者を置く。

設備の設置：地下室等の内部における作業に労働者を従事させる時は、酸素欠乏の空気が漏出するおそれのある箇所を閉そくし、酸素欠乏の空気を直接外部へ放出することができる設備を設ける。

人員の点検：作業を行う場所に入場及び退場させる時に、人員を点検しなければならない。

退避：酸素欠乏等のおそれが生じた時は、ただちに作業を中止し、作業に従事する者をその場所から退避させなければならない。

報告：事業者は、労働者が酸素欠乏症等にかかったとき、または酸素欠乏の空気が漏出しているときは、遅滞なく、管轄する労働基準監督署長に報告しなければならない。

5 電離放射線障害防止規則

(1)管理区域

外部放射線による実効線量と空気中の放射性物質による実効線量との合計が**3か月**間につき **1.3mSv** を超えるおそれのある区域、または放射性物質の表面密度が厚生労働大臣の定める限度の **10分の1** を超えるおそれのある区域のこと。管理区域における外部放射線による実効線量の算定は **1 cm**線量当量によって実施する。

(2)実効線量の限度

男性または妊娠の可能性のない女性は**5年間**につき **100mSv**、かつ、**1年間**につき **50mSv**。また女性（妊娠の可能性のないもの及び妊娠と診断されたものを除く）は**3か月**間につき**5 mSv**。

＼**試験**ではこう出る！／

　（1）もしくは（2）の数字の穴埋め問題が出題される。赤字の数字部分を覚えよう。

6 粉じん障害防止規則

（1）粉じん作業

　粉じん作業とは、じん肺にかかるおそれがあると認められる作業のことをいう。

> 例：屋内において耐火物を用いた炉を解体する作業、屋内のガラスを製造する工程において原料を溶解炉に投げ入れる作業、屋内において研磨材を用いて手持式動力工具により金属を研磨する作業等

（2）特定粉じん作業

　粉じん作業のうち、粉じん発生源が特定粉じん発生源であるもの。作業工程や粉じんの発生状況等から一定の発散源対策が必要である。

> 例：屋内のセメントを袋詰めする箇所における作業、屋内の粉状の炭素製品を袋詰めする箇所における作業、屋内の固定の溶射機により金属を溶射する箇所における作業等

＼試験ではこう出る！／

　粉じん発生源のうち、特定粉じん発生源に該当するもの・しないものが問われる。キーワードで覚えよう。

ポイント　袋詰めと固定の溶射機が出てきたら特定粉じん発生源！

（3）除じん方式

粉じんの種類	除じん方式
ヒューム	ろ過除じん方式、電気除じん方式
ヒューム以外の粉じん	サイクロンによる除じん方式、スクラバによる除じん方式、ろ過除じん方式、電気除じん方式

※ヒュームとは、加熱・気化した金属の温度が下がって固化し微粒子として空気中に浮遊しているもの

> サイクロンは風による除じん方式
> スクラバは水による除じん方式を
> いう。

ポイント　ヒュームにはサイクロンとスクラバによる除じん方式は使えない！

（4）清掃

　粉じん作業（特定粉じん作業含む）を行う屋内作業場では、**毎日**1回以上、清掃を実施しなければならない。

（5）作業環境測定

　作業環境測定は**6か月**以内ごとに1回実施し、その記録を**7年間**保存。

（6）必要な措置

粉じんの種類	必要な措置
屋内の特定粉じん作業	管理区分に応じて密閉する設備、局所排気装置、プッシュプル型換気装置もしくは温潤な状態に保つための設備の設置またはこれらと同等以上の措置
特定粉じん作業以外の屋内の粉じん作業	全体換気装置による換気の実施またはこれと同等以上の措置

7 石綿障害予防規則

(1)労働衛生保護具の使用

　石綿等の切断等の作業等に従事させる時は、電動ファン付き呼吸用保護具、またはこれと同等以上の性能を有する空気呼吸器、酸素呼吸器、送気マスクを使用させなければならない。

(2)記録の保存

　石綿等に係る書類の保存期間は原則 **40 年間**（ただし定期自主検査に係る書類等、一部については 3 年間）。

> 石綿は肺がんになりやすい物質であり、がんは時間が経ってから発症することが多いため、記録の保存年数も長い。

(3)掃除

　石綿等を常時取り扱い、または試験研究のため製造する作業場及び休憩室の床等について、水洗する等粉じんの飛散しない方法によって、**毎日** 1 回以上、掃除を行わなければならない。

(4)事業廃止時の提出書類

　石綿等を取り扱い、または試験研究のため製造する事業者等が事業を廃止する際は、次のア～エの書類を所轄労働基準監督署長へ提出しなければならない。

ア．石綿関係記録等報告書
イ．作業環境測定の記録
ウ．常時作業に従事した労働者について、氏名、従事した作業の概要、従事した期間、作業の事前調査の結果の概要ならびに作業計画による作業の記録の概要、著しく汚染される事態が生じた際の概要及び応急措置の概要等の記録等
エ．石綿健康診断個人票

　　　　　　　　　　　　　　　　　　　　　　　　　　　　　　　等

\ **試験**ではこう出る！/

　様々な書類のうち、所轄労働基準監督署長に"提出の必要がないもの"が問われる。前述の特定化学物質障害予防規則（p.207）の（3）事業廃止時の提出書類と同じ出題パターンである。提出の必要がないものも同じ！

　定期自主検査の記録、作業主任者の選任届、特別教育の記録は提出の必要なし！

8 じん肺法

（1）じん肺管理区分の決定及び通知

❶ じん肺管理区分の決定

> じん肺とは粉じんを吸入したことが原因で起こる呼吸器の健康障害をいう。

じん肺健康診断の結果、じん肺の所見があると診断された労働者について、地方じん肺診査医の診断または審査により、都道府県労働局長が当該労働者のじん肺管理区分の決定をする。

❷ 管理区分決定通知

事業者は、都道府県労働局長からじん肺管理区分の決定の通知を受けた時は、遅滞なく、当該労働者に対して、その者について決定されたじん肺管理区分等を通知しなければならない。

❸ じん肺管理区分とその措置方法

管理区分ごとの労働者に対する措置は次の表の通り。

なお**管理区分2、管理区分3であって、かつ合併症を罹患している場合は、療養を要する。**

図表 **じん肺管理区分とその措置方法**

じん肺管理区分	健康診断結果	措置
管理区分1	じん肺の所見なし	―
管理区分2	エックス線写真の像が第1型で、肺機能に著しい障害なし	経過観察
管理区分3イ	エックス線写真の像が第2型で、肺機能に著しい障害なし	
管理区分3ロ	エックス線写真の像が第3型または第4型（大陰影あり）で、肺機能に著しい障害なし	
管理区分4	（1）X線写真の像が第4型（大陰影あり） （2）X線写真の像が第1型、第2型、第3型または第4型（大陰影あり）で、肺機能に著しい障害あり	療養

※合併症とは、じん肺と合併した肺結核、続発性気管支炎、結核性胸膜炎、原発性肺がん等をいう。

（2）じん肺の定期健康診断

❶ じん肺の定期健康診断の頻度

じん肺は現在従事しているかどうかに加え、管理区分ごとに定期健康診断の頻度が異なる。

じん肺はある程度進行すると、粉じんばく露を中止しても肺に生じた変化は治らず、さらに進行する性質があるため、現在粉じん作業を行っていなかったとしても、特殊健康診断が必要である。

図表　じん肺の定期健康診断の頻度

粉じん作業従事との関係	じん肺管理区分	頻度
常時粉じん作業に従事	1	3年以内ごとに1回
	2、3	1年以内ごとに1回
過去に常時粉じん作業に従事したことがあり、現に非粉じん作業に従事	2	3年以内ごとに1回
	3	1年以内ごとに1回

❷ 結果の記録等

定期健康診断の記録等は**7年間**保存する。

1 労働時間

（1）労働時間の延長制限業務（１日２時間を超えて労働時間を延長することができない業務）

　健康上特に有害な業務については、労働基準法に基づき時間外労働に関する協定を締結し、これを所轄労働基準監督署長に届け出た場合においても、労働時間の延長が１日２時間を超えてはならない。延長制限業務は次の通り。

①多量の高熱物体を取り扱う業務及び著しく暑熱な場所における業務

②多量の低温物体を取り扱う業務及び著しく寒冷な場所における業務

③ラジウム放射線、エックス線その他有害放射線にさらされる業務

④土石、獣毛等のじんあいまたは粉末を著しく飛散する場所における業務

⑤異常気圧下における業務

⑥削岩機、鋲打機等の使用によって身体に著しい損害を与える業務

⑦重量物の取り扱い等重激なる業務

⑧ボイラー製造等強烈な騒音を発する場所における業務

⑨鉛、水銀、クロム、砒素、黄りん、弗素、塩素、塩酸、硝酸、亜硫酸、硫酸、一酸化炭素、二硫化炭素、青酸、ベンゼン、アニリンその他これに準ずる有害物の粉じん、蒸気またはガスを発散させる場所における業務

　　　　　　　　　　　　　　　　　　　　　　　　　　　　　　有害

⑩坑内労働 ……………………………………………………………… 坑内

⑪その他厚生労働大臣の指定する業務

ポイント　有害業務と坑内労働は２時間を超えた延長禁止！

2 年少者

使用者は**満 18 歳**に満たない労働者を次の業務に就かせてはならない。

①労働時間の延長制限業務に掲げる①～⑥の業務、⑩の業務

②一定の重量以上の重量物を取り扱う業務

③水銀、砒素、黄りん、弗化水素酸、塩酸、硝酸、シアン化水素、水酸化ナトリウム、水酸化カリウム、石炭酸その他これらに準ずる有害物を取り扱う業務

④鉛、水銀、クロム、砒素、黄りん、弗素、塩素、シアン化水素、アニリンその他これらに準ずる有害物のガス、蒸気または粉じんを発散する場所における業務

⑤強烈な騒音を発する場所における業務

有害
＋
坑内

⑥病原体によって著しく汚染のおそれのある業務 ……………… 病原体

⑦焼却、清掃またはと殺の業務 ……………………………………… と殺

参考 ②における「一定の重量」とは

年齢および性別		断続作業	継続作業
満16歳未満	女性	12	8
	男性	15	10
満16歳以上満18歳未満	女性	25	15
	男性	30	20

＊単位はkg

　試験では年少者の就業禁止業務に該当するか・該当しないかを問う問題が出題される。年少者の就業禁止業務に該当しないものの代表例は、「給湿を行う紡績または織布の業務」、「超音波にさらされる業務」、「赤外線・紫外線にさらされる業務」等である。"該当しない業務"として出題される業務の方が該当するものよりも出題パターンが限られるため、語呂合わせで覚えよう。

語呂合わせ

年少者	恩師と赤い	給食を
超音波　紫外線　赤外線　給湿		

3 女性

女性労働者は、労働基準法に加えて「女性労働基準規則」によって、就業禁止業務が定められている。例えば、出産や妊娠の際に影響が出るような業務は禁止されている。

(1)女性の就業禁止業務

①次に掲げる重量以上の重量物を取り扱う業務

■図表 **女性が取り扱える重量物の制限**

年齢	断続作業	継続作業
満16歳未満	12	8
満16歳以上満18歳未満	25	15
満18歳以上	30	20

＊単位はkg

満18歳以上の女性は継続作業で20kg以上の重量物を取り扱ってはならない！

＼**試験**ではこう出る！／

　表の数字部分の穴埋め問題や、年齢ごとの取り扱うことができる重量が問われるため、表の数字を覚えよう。

②鉛、水銀、砒素化合物、二硫化炭素、エチルベンゼンその他これらに準ずる有害物のガス、蒸気または粉じんを発散する場所における業務

③坑内で行われる業務のうち人力により行われる掘削の業務等

参考 断続作業と継続作業

　断続作業とは作業と作業の間に他の作業を行うものを指す。例えば運送業で、荷物を届ける（重い荷物を持つ）という作業のほかに車の運転をして届け先に向かうといった作業を行うものである。

一方、継続作業とは、同じ作業をずっと行うことを指す。倉庫の荷物整理などで、台車に荷物を積み込み、棚まで荷物を運んで、また台車へと同じ作業を繰り返すといったものである。

　一般的に断続作業に比べ、継続作業の方が体への負担が大きいため、取り扱える重量も継続作業の方が厳しく定められている。

（２）妊産婦（妊娠中の女性及び産後１年を経過しない女性）の主な就業禁止業務

　（１）の女性の就業禁止業務に加えて、妊娠、出産、授乳などに影響を及ぼすおそれのある業務についても就業禁止としている。

> 女性から就業したいと申出があっても就業させてはならない業務。

①一般女性の就業禁止業務に掲げる①～③の業務
②削岩機、鋲打機等身体に著しい振動を与える機械器具を用いて行う業務

産後絶対就業不可！

③坑内で行われるすべての業務
　（上記の女性の就業禁止業務の③を除く）
④多量の高熱物体を取り扱う業務
⑤著しく暑熱な場所における業務
⑥多量の低温物体を取り扱う業務
⑦著しく寒冷な場所における業務
⑧異常気圧下における業務

産後、申出によって就業不可！

> 女性から就業しない旨の申出がある場合に就業させてはいけない業務。

※妊娠中の女性に関しては、①～⑧のすべての業務について申出がなくとも就業禁止である。
※産後１年を経過しない女性に関しては、③～⑧の業務については、その業務に従事しない旨を使用者に申し出た場合に就業禁止となる。①～②の業務については申出がなくとも就業禁止である。

ポイント　　妊娠中の女性から就業禁止業務について、就業したいと申出があっても就業させてはならない！

第 5 章

労働衛生

（有害業務に係るもの）

第1種のみの科目

1 衛生管理

（1）衛生管理の3管理

　前述（p.70）のように、衛生管理とは、作業環境管理、作業管理、健康管理を行うことにより、有害因子を除去・低減させ、労働者の健康の保持と増進を図ることをいう。作業環境管理、作業管理、健康管理における措置の具体例は次の通りである。

❶ 作業環境管理

　測定・評価・改善という3つの工程を経て、衛生工学的対策を講ずることで有害因子を職場から除去する管理。これには、使用している化学物質を有害性の低い物質に置き換える本質安全化対策も含まれる。

❷ 作業管理

　作業方法等の見直し、改善といった管理的対策を講ずることで有害因子による負担を少なくする管理。

❸ 健康管理

　有害因子による労働者への影響を、健康診断等によって把握し、当該健康状態による就業可否の判断・適正配置を行う管理。また、健康保持増進対策による労働者の健康状態の維持向上を図る。

3つの管理	具体例
❶作業環境管理	• 有害な化学物質を取り扱う設備を密閉化する。 • 粉じん作業を行う場所に設置した局所排気装置のフード付近の気流の風速を測定する。 • ずい道建設工事の掘削作業において、土石または岩石を湿潤な状態に保つための設備を設置し、稼働する。 • 有機溶剤を使用する塗装方法を、有害性の低い水性塗料の塗装に変更する。
❷作業管理	• 放射線業務において、管理区域を設定し、必要のある者以外の者を立入禁止にする。 • 情報機器作業に関して、椅子の座面の高さ、キーボード、マウス等の位置を総合的に調整させる。 • 防じんマスクなどの保護具を使用させることによって、有害物質に対するばく露量を低減する。 • 放射線業務に関して、個人被ばく線量測定器具により労働者の被ばく線量を測定する。 • 潜水業務において、水深、潜水時間、回数に応じた浮上方法を遵守する。 • 振動工具を用いる業務において、振動ばく露時間を制限する。
❸健康管理	• 鉛健康診断の結果、従事することが適当でないと認めた者を配置転換する。 • 腰部に著しい負担を与える作業に従事する労働者に対し、腰痛予防体操を実施する。

試験ではこう出る！

　衛生管理における具体的な措置の例が選択肢に列挙され、いずれが作業管理に該当するのかを選択させる問題が出題される。選択肢に含まれるキーワードにより判断するとよい。

作業環境管理：**密閉化、風量測定、設備設置・稼働、有害性の低い物質への変更**

作業管理：**膝曲げ、線量測定、作業姿勢、位置調整、方法遵守、管理区域を設定、立入禁止、時間制限、保護具使用**

健康管理：**配置転換、体操実施**

1 有害化学物質とそれによる職業性疾病

（1）空気中汚染物質とその性状

　化学物質は、その物質ごとに常温・常圧（25℃、1気圧）の時にさまざまな状態で空気中に存在する。

■図表 化学物質の状態と物質例

物質	状態	物質例
ガス	気体	一酸化炭素、塩化ビニル、臭化メチル、硫化水素、塩素、アンモニア、ホルムアルデヒド、二酸化硫黄　等
蒸気	気体	塩素化ビフェニル、アセトン、硫酸ジメチル、二硫化炭素、水銀、トリクロロエチレン（トリクロルエチレン）、ニッケルカルボニル、ノルマルヘキサン、アクリロニトリル　等
ミスト	液体	硫酸ジメチル、硫酸、塩素化ビフェニル、硝酸、トリクロロエチレン、ニッケルカルボニル、クロム酸、シアン化物、ニトログリコール　等
粉じん（ダスト）	固体	石綿、ジクロルベンジジン、アクリルアミド、無水クロム酸、二酸化マンガン、オルトトリジン　等
ヒューム	固体	酸化鉛、酸化カドミウム、酸化ベリリウム　等

※次亜塩素酸塩溶液と酸性溶液の薬品が混触すると塩素ガスが発生する。
※加熱等により複数の状態にまたがる物質が存在する。

＼**試験**ではこう出る！／

　ガスと蒸気について出題されることが多いため、まずはガスと蒸気の代表的な物質名を語呂合わせで覚えよう。

＊ガスの主な物質例

	ガスCO	塩の臭いの	餡を掘る
語呂合わせ	一酸化炭素　塩化ビニル　臭化メチル		アンモニア　ホルムアルデヒド

＊蒸気の主な物質例

語呂合わせ

霧蒸気　汗がジメジメ　悪の鳥

アセトン　硫酸ジメチル　アクリロニトリル　ノルマルヘキサン　トリクロロエチレン

参考 それぞれの性状の違い

　ガス：常温・常圧（25℃、1気圧）の状態の時に必ず気体として存在
　　　するもの

　蒸気：常温・常圧で液体または固体の物質が揮発や昇華により気体と
　　　なっているもの

　ミスト　非常に細かな液体の粒のこと。霧のイメージ

　粉じん（ダスト）：塵やほこりのこと

　ヒューム：非常に小さな金属粉じんのこと。熱などにより金属が一度
　　　　　　気体へと変わった後、空気中の酸素と結合して固体に戻っ
　　　　　　たものを指す

（2）有機溶剤の一般的性質

① 引火性であるものが多い（ただし、トリクロロエチレン等のハロゲ
　ン化炭化水素は難燃性である）。

② 揮発性であるものが多い（＝蒸発しやすい）。

③ すべて脂溶性である（＝脂肪を溶かしやすい）ため、**脂肪の多い脳
　等に入りやすい**。

④ 皮膚、粘膜への刺激作用がある。

⑤ 人体には呼吸器から吸収されることが多いが、**皮膚からも吸収さ
　れる**。

⑥ 肝臓障害や腎臓障害を起こすものもある。

⑦ 共通毒性として、中枢神経系の麻酔作用がある。

⑧ 蒸気は一般に空気よりも**重い**。

⑨ 低濃度の有機溶剤の繰り返しばく露では、頭痛、めまい、記憶力
　の減退、不眠等の不定愁訴がみられる。

（3）金属、有機溶剤、刺激性ガス、窒息性ガス等による職業性疾病

■図表■ 有害化学物質による職業性疾病

	物質名	特徴・疾病・症状等
金属	鉛	貧血、末梢神経障害、伸筋麻痺、腹部の疝痛 等
	マンガン	パーキンソン病に似た症状（筋のこわばり、ふるえ、歩行困難）等
	水銀	金属水銀：手指の震え、感情不安定、精神障害 等 有機水銀：手指の震え、視野狭窄、運動失調 等 無機水銀：腎障害 等
	カドミウム	急性：上気道炎、肺炎 等 慢性：肺気腫、腎障害、門歯・犬歯の黄色環 等
	ベリリウム	ベリリウム肺（肺肉芽腫）接触皮膚炎、肺炎等
	砒素	急性：嘔吐、呼吸障害、意識障害 等 慢性：角化症、黒皮症、皮膚がん、鼻中隔穿孔、末梢神経障害 等
	（六価）クロム	鼻中隔穿孔、肺がん、皮膚障害 等
	各種金属のヒューム	金属熱
有機溶剤	ノルマルヘキサン	末梢神経障害（多発性神経炎）等
	酢酸メチル	視神経障害 等
	メタノール	
	トルエン	中枢神経障害、精神障害 等
	キシレン	
	ベンゼン	造血器障害（再生不良性貧血）、白血病 等
	二硫化炭素	精神障害、血管障害（網膜細動脈瘤）等
	N,N-ジメチルホルムアミド	頭痛、めまい、肝機能障害 等
	1,2-ジクロロプロパン	溶血性貧血、肝障害、腎障害、胆管がん 等
	トリクロロエチレン	頭痛、錯乱、肝障害、腎障害 等
ガス	一酸化炭素	酸欠症状（息切れ、頭痛、虚脱、意識混濁、健忘） ※不完全燃焼で発生、水に溶けにくい。 ※空気よりやや軽い（ほぼ同じ）。無色、無臭、刺激性がない。 ※ヘモグロビンと強く結合する。 ※後遺症として、健忘やパーキンソン症状がみられることがある。

ガス	硫化水素	呼吸麻痺、意識消失 等
	シアン化水素	呼吸困難、痙攣、意識消失 等
	塩素	咽頭痛、咳、胸苦しさ、肺水腫 等
	二酸化窒素	慢性気管支炎、胃腸障害、歯牙酸蝕症 等
	二酸化硫黄	慢性気管支炎、歯牙酸蝕症 等
	塩化ビニル	レイノー症状、皮膚の硬化、肝血管肉腫 等
	弗化水素	骨の硬化、斑状歯 等

\ **試験**ではこう出る！ /

　有害化学物質と疾病等の特徴の組合せが出題される。

＊有害化学物質とその職業性疾病の代表例

語呂合わせ

短毛な　　竜の図鑑の　　N印
　↓　　　　　↓　　　↓　　　　　↓
二硫化炭素　網膜細動脈瘤　頭痛・　　　N,N-ジメチル
　　　　　　　　　　　　肝機能障害　ホルムアミド

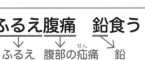

語呂合わせ

マンガ見て　　ふるえ腹痛　　鉛食う
　↓　　　　　↓　　↓　　　　↓
マンガン　　ふるえ　腹部の疝痛　鉛

2 有害エネルギー等と それによる職業性疾病

(1)温度条件

❶ 低温環境による健康障害

　低温環境による健康障害は、低温倉庫内作業や冷蔵庫内の作業、冬季の林業作業等で発生する。低温環境による健康障害には次のものがある。

　ア．凍傷と凍瘡

　　凍傷：0℃以下の寒冷による組織の凍結壊死。

　　凍瘡：0℃以上（5℃前後）の寒冷による皮膚の炎症（しもやけ）。

　イ．低体温症：体内温度が35℃以下になり発症。意識消失、筋の硬直等の症状。

❷ 高温環境による健康障害

　高温環境による健康障害は夏季の屋外作業やガラス製品の成型を行う工場での作業、通風のない屋内作業等で発生する。

　ア．熱中症

　　原因：高温環境等による体温上昇と体温調整機能の不全。

　　症状：**熱失神（熱虚脱）**、**熱痙攣**、熱疲労、熱射病（前述 p.118）。

　※熱中症対策として、作業環境管理（WBGT値の低減、休憩場所の整備 等）、作業管理（作業時間の短縮、熱への順化、水分及び塩分の摂取、透湿性及び通気性のよい服装、作業中の巡視 等）、健康管理（健康診断結果に基づく対応、日常の健康管理、労働者の健康状態の確認、身体の状況の確認 等）、労働衛生教育、救急処置を行っていく。

　※熱へ順化させる措置として、作業を行う者が順化していない状態から7日以上かけて熱へのばく露時間を次第に長くすること等が挙げられる。

(2)ヒューム

　金属製品を取り扱う場合、ヒュームが原因で健康障害が生じることがある。

　ア．金属熱

　　原因：ヒュームの吸入。

　　症状：高熱、悪寒、関節痛 等

> 高熱環境による健康障害とヒュームによる健康障害の原因を入れ替え
> て出題してくる。
>
> 〈誤りのパターン〉
> ✘金属熱は、鉛等の金属を溶解する作業等に長時間従事した際に、<u>高温
> により体温調節機能が障害を受けたことにより</u>発生する。
> **正しくは➡金属熱は、金属のヒュームを吸入することにより発生する疾
> 病である。**

（3）高気圧

❶ 高圧及び減圧の影響で起こる障害

作業等高圧下においては、圧力に応じて血液や組織中に酸素、窒素、
二酸化炭素のガス（炭酸ガス）が溶解するため、酸素中毒や炭酸ガス中
毒、窒素酔いを起こすことがある。

❷ 減圧症

減圧または浮上後に起こる障害である。高圧の環境下で血液や組織中
に溶解した窒素が減圧の影響で気泡化し、血液循環を妨げたり組織を圧
迫したりして生じる。症状はベンズ（関節痛）、チョークス（胸内苦悶）、
掻痒感（かゆみ）等がある。

（4）騒音

❶ 等価騒音レベル

> 時間により変わる音の大きさの平均値を求めたもの。
> どれくらいうるさいかという騒音の程度の指標である。

ある**時間範囲**について、**変動する**騒音の**騒音レベル**をエネルギー的な
平均値として表した量。

参考 音圧レベルと騒音レベル

音圧レベル：通常、人間が聴くことができるもっとも小さな音圧（20
μPa）に対する比の常用対数を 20 倍して求められる。
単位は dB（デシベル）で表す。

第
5
章

労
働
衛
生
〈有害業務に係るもの〉〈第1種のみの科目〉

騒音レベル：音圧レベルに人間にとっての聴こえ方で補正（A特性による補正）をしたもの。騒音レベルの測定は、騒音計の周波数補正回路のA特性で行い、単位は dB である。

❷ 騒音性難聴

　一定レベル以上の騒音に長期間ばく露し続けることにより、**内耳の蝸牛**にある有毛細胞の変性と脱落が生じ発症する。

❸ c⁵dip

　騒音性難聴の初期に認められる **4,000Hz** 付近の音から始まる聴力低下の型のこと。

❹ 騒音ばく露の特徴

　人が聴ける周波数は 20Hz ～ **20,000Hz** で、会話音域は 500Hz ～ 2,000Hz である。騒音性難聴は、会話音域よりも高い音域から聴力低下が始まるため初期には気付きにくく、かつ、治りが悪い。

　騒音ばく露は、自律神経系や内分泌系へ影響を与え、副腎皮質ホルモンの分泌が**増加**する。

（5）振動

❶ 局所振動障害

　レイノー現象（白指症）等の末梢循環障害や、手指のしびれ感等の末梢神経障害、関節痛等の筋骨格系障害を指す。

※局所振動障害は冬に起こりやすい。

> 寒さによって皮膚の血管が収縮する。細くなった血管は血液が流れにくく、詰まりやすい。

❷ 全身振動障害

　フォークリフトの運転等の全身に小さな振動をばく露し続けることにより起こる障害を指す。全身の疲労感等の症状や腰痛等の脊柱障害がある。

（6）有害光線等

❶ 有害光線等による健康障害

■図表■ 有害光線等による健康障害

有害光線等	主な症状・障害
マイクロ波	組織壊死・白内障　等
赤外線	白内障　等
レーザー光線	網膜火傷　等
紫外線	電光性眼炎・皮膚がん　等

❷ 有害光線の波長

　有害光線は種類ごとに波長（光の波の1回分の長さ）が異なる。波の幅が広いものが波長の長い有害光線であり、波の幅が狭いものが波長の短い有害光線である。

波長（長い）　　　　　　　　　　　　　　　　　　　　　　　波長（短い）

（マイクロ波）　　　（赤外線）　　　（可視光線）　　　（紫外線）　　　（電離放射線）
　　　　　　　　　　　　　　　　　　　　　　　　　　　　　　※エックス線等

\試験ではこう出る！/

　有害光線については次のような出題がされる。それぞれ語呂合わせで覚えよう。
ⅰ）有害光線とその有害光線によって引き起こされる健康障害の組合せ
〈誤りのパターン〉
✕赤外線によって引き起こされる健康障害として、電光性眼炎がある。
正しくは➡赤外線によって引きこされる健康障害としては、白内障がある。電光性眼炎は紫外線によって引き起こされる。

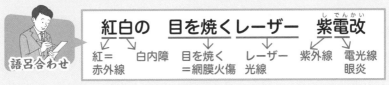

語呂合わせ

紅白の	目を焼くレーザー	紫電改（しでんかい）
紅＝赤外線　白内障	目を焼く＝網膜火傷　レーザー光線	紫外線　電光線眼炎

ⅱ）有害光線の波長の長さ

〈誤りのパターン〉

✕エックス線は、<u>紫外線より波長が長い</u>電磁波である。

正しくは➡エックス線は紫外線より波長が短い。

次の語呂合わせは波長が長い方から短い方の順に覚えることができる。順番も間違えずに覚えよう。

語呂合わせ

マイワイフ　世界一周　電車旅

マイクロ波　赤外線　可視光線　紫外線　電離放射線

※電離放射線は、エックス線等の名称で問われる場合があるので注意。

❸ レーザー光線

半導体製造や金属加工等に使用される、単一波長の、位相が揃った、強い指向性のある光線である。おおむね **180nm から 1mm** までの波長域にある。透過力が弱く、特定のスペクトル（赤色、緑色等）を有している。レーザー光線が目に入ると網膜を損傷することがある。レーザー光線にさらされるおそれのある業務は、レーザー機器の出力パワー等に基づくクラス分けに応じた労働衛生上の対策を講ずる必要がある。

（7）電離放射線

電離放射線による健康障害は、確定的影響によるものと確率的影響によるものに分類される。

■図表 確定的影響と確率的影響

確定的影響	被ばく線量がしきい値（影響が出る被ばく量の値）を超えると必ず障害が出現する。その障害の程度は被ばく線量の増加の程度に対応する。	脱毛、白内障、造血器障害、中枢神経障害等
確率的影響	しきい値がなく、被ばく線量がわずかであっても被ばく線量の増加に応じて、障害の出現する確率が増加する。	発がん、遺伝的影響、白血病等

※白血病や白内障は、潜伏期が長く、晩発障害である。

（8）酸素欠乏症

　空気中の酸素濃度は通常は約21%だが、酸素濃度が通常より低下した空気環境において呼吸すると酸素欠乏症となるおそれがある。空気中の酸素濃度により、酸素欠乏症の重篤度が異なり、次のような症状が生ずる。

酸素濃度16%：頭痛、吐き気等の症状。

酸素濃度12%：めまい、判断力低下、記憶消失、チアノーゼ等（皮膚や粘膜が青紫色である状態）の症状。

酸素濃度8%：意識不明、中枢神経障害、痙攣（けいれん）、チアノーゼ等の症状。

酸素濃度6%：**瞬時に昏倒**、死亡の可能性。

> 低酸素状態ではひと呼吸したけで昏睡し、死亡することもある。

（9）職業がん

■図表■ 主な職業がん

物質名	がんの種類
ベンジジン	膀胱がん
ベンゼン	白血病
石綿	肺がん・胸膜中皮腫
ビス（クロロメチル）エーテル	肺がん
コールタール	肺がん・皮膚がん
三酸化砒素	肺がん・皮膚がん等
クロム酸	肺がん・上気道がん
ベンゾトリクロリド	肺がん
塩化ビニル	肝血管肉腫

＼試験ではこう出る！／

　物質名とがんの種類の組合せが問われる。ほとんどが肺がんになるため、肺がん以外のがんが発生する物質を覚え、他の物質が出題されたら全部肺がんと覚えよう。

語呂合わせ

ボウジジン	ゼン	血	塩	肝	その他肺
膀胱がん	ベンゼン				
↓	↓	↓	↓	↓	→
ベンジジン		白血病	塩化ビニル	肝血管肉腫	その他の物質は肺がん

(10)じん肺

　ある種の有害粉じんを吸入することによって肺に線維増殖性変化をもたらす疾病をいう。線維増殖性変化とは粉じんが原因で肺組織が少しずつ破壊され、その傷跡が固くなっていくことを指す。線維化した組織は肺でのガス交換に役立たないため、咳や痰、呼吸困難といった症状が現れる。吸い込んだ粉じんの種類によってじん肺の種類が異なる。

> 遊離けい酸とはケイ素が酸素と化合した鉱物をいう。結晶質シリカ（石英）が代表例である。

図表　じん肺

じん肺の種類	原因物質	症状
けい肺	遊離けい酸	咳・痰・呼吸困難
石綿肺	石綿	肺がん・中皮腫
溶接工肺	酸化化合物（酸化鉄ヒューム等）	咳・痰・呼吸困難
炭素肺・黒鉛肺	炭素	咳・痰・呼吸困難

※じん肺はある程度進行すると、粉じんばく露を中止しても肺に生じた変化は治らず、さらに進行する性質がある。
※じん肺は、肺結核、続発性気胸、続発性気管支炎、原発性肺がんを合併することがある。
※米杉・ラワン等の木材は、その粉じんを吸入することによってぜんそくを起こすことがある。

1 作業環境測定

（1）概要

　作業環境測定とは、作業場の有害因子（化学物質のガス・蒸気等）を一定レベル以下にコントロールする目的で行う、作業環境管理のための定期的な測定をいう。

　法令により実施義務が課せられている作業場や測定頻度については、前述（p.188）において述べたが、ここでは、作業環境測定の手法を解説する。

（2）作業環境の測定

　主な測定方法に、Ａ測定とＢ測定がある。

❶ Ａ測定

　単位作業場所（作業環境測定のために必要な区域）の有害物質の濃度の**平均的な分布**を知るための測定。単位作業場所内の複数箇所で測定を実施し、複数の測定結果から計算によって第１評価値と第２評価値を算出する。

※Ａ測定における測定点の高さの範囲は、原則床上50㎝以上150㎝以下である（騒音の場合は120㎝以上150㎝以下）。

　　※**第１評価値**：単位作業場所のすべての測定点における気中有害物質
　　　　　　　　　　濃度の測定値を母集団として分布図を描いた場合の高
　　　　　　　　　　濃度側から面積で5％に相当する濃度の推定値をいう。
　　　　　　　　　　第１評価値は**必ず第２評価値よりも大きくなる**。
　　※**第２評価値**：単位作業場所における気中有害物質濃度の**算術平均濃**
　　　　　　　　　　度の推定値をいう。

定義そのものを暗記しなければいけないわけではないので、第１評価値は、「多くの測定結果から推定された、その作業場所内において有害物質濃度の高い場所の数値」、第２評価値は「その作業場所の有害物質濃度の平均値」といったイメージを持っておくとよい。

❷ B測定

　単位作業場所で有害物質の**発散源に近接した作業位置での測定**。有害物質が発散している時間に、**最高濃度を知るために測定**を行う。A測定とは異なり、測定結果は基本的に1つとなる。A測定の結果だけでは不十分な場合（有害物質の使用が断続的・限定的な場合など）に実施する。

図表 A測定とB測定の測定場所

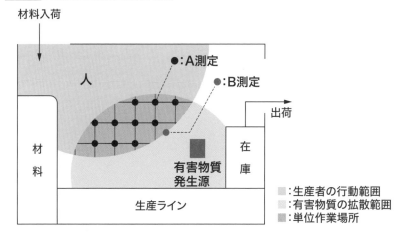

材料入荷

●：A測定
●：B測定

人

出荷

材料

有害物質
発生源

在庫

生産ライン

■：生産者の行動範囲
■：有害物質の拡散範囲
■：単位作業場所

（3）作業環境の評価

　A測定における第1評価値・第2評価値、B測定の測定値を**管理濃度と比較**することで作業環境の評価を行う。作業環境の評価は管理区分によって表される。

※管理濃度とは、作業環境状態を作業環境測定結果から**評価するための指標**であり、これと比較することで管理区分を明らかにすることができる。個々の労働者のばく露限界として設定されたものではない。

> 管理濃度とは個々の労働者のばく露限界であるという誤りが頻出なので注意!!

※管理区分とは、作業環境測定において当該作業環境においてどのような措置を講ずべきかを示したものであり、具体的な措置については（4）において示す。

❶ A測定のみを実施した場合の評価

次の表に基づき、A測定結果である第1評価値（a_1）及び第2評価値（a_2）を管理濃度（管）と比較して管理区分を決定する。

図表　A測定のみを実施した場合の評価

A測定		
$a_1<$管	$a_2\leqq$管$\leqq a_1$	$a_2>$管
第1管理区分	第2管理区分	第3管理区分

❷ A測定及びB測定を実施した場合の評価

次のマトリックス表に基づき、A測定結果である第1評価値（a_1）及び第2評価値（a_2）を管理濃度と比較した結果と、B測定値（β）と管理濃度（管）を比較した結果を組み合わせて管理区分を決定する。

図表　A測定及びB測定を実施した場合の評価

		A測定		
		$a_1<$管	$a_2\leqq$管$\leqq a_1$	$a_2>$管
B測定	$\beta<$管	第1管理区分	第2管理区分	第3管理区分
	管$\leqq \beta \leqq$管$\times1.5$	第2管理区分	第2管理区分	第3管理区分
	$\beta>$管$\times1.5$	第3管理区分	第3管理区分	第3管理区分

＊管×1.5は管理濃度の1.5倍を指す。

（4）作業環境の改善

図表　作業環境の改善

	作業場の状態（イメージ）	講ずべき措置
第1管理区分	作業場所のほとんどの場所で有害物質の濃度が管理濃度を超えない（よい状態）	・現状の管理の維持・継続に努める
第2管理区分	有害物質の濃度の平均値が管理濃度を超えない（一部に改善の余地がある状態）	・設備、工程、作業方法の点検及び改善に努める
第3管理区分	作業場所のほとんどの場所において有害物質の濃度が管理濃度を超える状態（悪い状態）	・設備、工程、作業方法の点検及び改善を行う ・保護具の着用 ・健康診断の実施

　出題パターンは主に３つに分けられる。頻出のため、まずは用語の意味から確実に理解しよう。

ⅰ）用語の意味を問う問題

前述において赤字にした箇所の言葉が入れ替えて出題される。

（例）・Ａ測定とＢ測定の意味の入れ替え

　　　・「Ｂ測定は発散源から遠い場所での測定である」という誤り　等

ⅱ）管理濃度の定義を問う問題

「管理濃度は個々の労働者のばく露限界である」といった誤りの選択肢としての出題が頻出である。管理濃度は作業環境状態を作業環境測定結果から評価するための指標であり、ばく露限界ではない。後述のリスクアセスメント等においても管理濃度＝ばく露限界という誤りをひっかけとした出題が見られる。

ⅲ）測定結果の評価に関する問題

　Ａ測定、Ｂ測定の結果によりいずれの管理区分となるかを問うような問題が出題される。誤りの選択肢となるパターンを覚えてしまうのがよい。

〈誤りのパターン〉

✕ Ａ測定の第１評価値が管理濃度を超えている単位作業場所は、Ｂ測定の結果に関係なく第３管理区分に区分される。

正しくは➡ Ａ測定の第２評価値が管理濃度を超えている場合に、必ず第３管理区分となる。

✕ Ｂ測定の測定値が管理濃度を超えている単位作業場所は、Ａ測定の結果に関係なく第３管理区分となる。

正しくは➡ 管理濃度の1.5倍を超えている場合に、必ず第３管理区分となる。

✕ Ａ測定においては、測定値の幾何平均値および幾何標準偏差を評価に用い、Ｂ測定においては、その測定値そのものを評価に用いる。

正しくは➡ 評価には第１評価値と第２評価値が用いられる。

2 局所排気装置

局所排気装置とは有害物の発生源付近に吸い込み口を設けて吸引気流を発生させ、その気流に乗せて有害物質を作業場外へ排出させる装置をいう。

(1)基本装置の構成

フード（吸気口）により吸引された有害物質は吸引ダクト（枝ダクトから主ダクト）を通り、**空気清浄装置を通って、ファン（排風機）を通り**、排気ダクトから排気口へ流れ、排出される。

ポイント　ファンは空気清浄装置の後ろに設置する！

■**図表**■ **局所排気装置の構成イメージ**

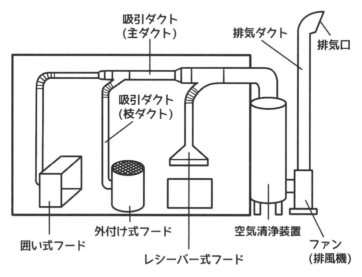

❶ フード

有害物を捕捉するための吸気口のこと。囲い式、外付け式、レシーバー式（外付け式の一種）に分類される。

ア．フード開口部の周囲にフランジがあると、フランジがないときに比べ、**少ない排風量で所要の効果を上げることができる。**

➡フランジとはパイプや弁等の部品をつなぐ際にパイプ同士を繋ぎ合わせる円盤状の部品の総称。フランジによって後ろからの気流が止まり、前からの吸い込み量が増加するため、フードの排気効果が高まる。

■図表 **フードに設けたフランジのイメージ図**

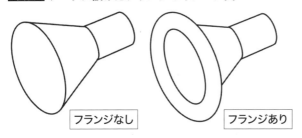

フランジなし　　　　　　フランジあり

❷ ダクト

フード内に吸引した汚染空気を排気口に搬送する管のこと。円形や角形等がある。

ア．**ダクトを細くすると圧力損失が大きくなり、太くすると搬送速度が不足する。**

➡圧力損失とは流体が配管等を通過する際に失うエネルギー量のことである。有害物質を含んだ空気は重いため、ダクトが細すぎるとダクトの抵抗は大きくなり、圧力損失も大きくなる。一方、ダクトを太くすると、空気を運ぶためにより強い力が求められる。空気を運ぶ力が不足すれば、輸送速度も不足（低下）する。

試験では次のような“誤り”が出題される。

〈誤りのパターン〉

✕局所排気装置を設ける場合、ダクトが細すぎると搬送速度が不足し、太すぎると圧力損失が増大することを考慮して、ダクト径を決める。

正しくは➡局所排気装置を設ける場合、ダクトが細すぎると圧力損失が増大し、太すぎると搬送速度が不足することを考慮して、ダクト径を決める。

イ．ダクトの曲り部分はできるだけ少なくなるように配管し、主ダクトと枝ダクトとの合流角度は **45°** を超えないようにする。

➡合流角度が大きくなると排風効果が著しく下がってしまうため。

図表 **ダクトの合流角度**

主ダクトと枝ダクトの合流角度は45°を超えないようにする！

❸ **空気清浄装置**：外気に放出する前に有害物質の粉じん、ガス等を含んだ空気を清浄化する装置。除じん装置と排ガス処理装置に分類される。

❹ **留意点**

ア．有害物質を取り扱う装置を構造上または作業上の理由で完全に密閉できない場合は、装置内の圧力を外気圧よりわずかに**低く**する。

➡空気は圧力の高い方から低い方へと流れるため、装置の内部の圧力を低くすることで、装置外から装置内への空気の流れを作ることができる。

イ．局所排気装置を設置する場合は、**給気量が不足すると排気効果が極端に低下する**ので、排気量に見合った給気経路を確保する。

（2）局所排気装置のフードの種類（型式）と特徴

❶ 局所排気装置の種類

局所排気装置はフードの形により、次のように種類が異なる。

■図表■ 局所排気装置の種類

	フードの種類	フードの見た目	排気効果	特徴
囲い式	カバー型		◎	発散源がフードにほぼ完全に囲い込まれていて、隙間程度の開口部しかないもの
	グローブボックス型		○	
	ドラフトチェンバ型		○	発散源はフードに囲い込まれているが、作業の都合上、囲いの1面が開口しているもの
	建築ブース型			

外付け式	スロット型		○〜△	開口面の外にある発散源の周囲に吸込み気流を作って、まわりの空気と一緒に有害物質を吸引する。まわりの気流の影響を受けやすい。囲い式フードと比較して、余分な空気を吸い込まねばならず、吸引風量を大きくする必要がある。
	ルーバー型			
	グリッド型			
	長方形型			
レシーバー式	キャノピー型		△	発散源からの上昇気流、回転に伴う気流があり、有害物質がその気流に乗って飛散するのを、気流の先で待ち受けて吸引するもの。
	グラインダー型			

❷ 排気効果

局所排気装置の排気効果はフードの形によって異なる。

囲い式が最も大きく、次が外付け式、最後がレシーバー式である。

一般的に外付け式フードの場合は側方や下方吸引型の方が上方吸引型よりも排気効果が大きいが、熱による上昇気流がある場合には上方吸引型が有効な場合もある。

■図表■ 排気効果の大きさ【左側が大きい】

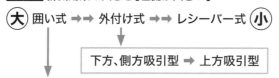

（大）囲い式 ➡➡ 外付け式 ➡➡ レシーバー式（小）

下方、側方吸引型 ➡ 上方吸引型

カバー型 ➡ グローブボックス型 ➡ ドラフトチェンバ型 ➡ 建築ブース型

＼**試験**ではこう出る！／

試験では3パターンの出題がある。

ⅰ）局所排気装置の種類の出題
　例：ドラフトチェンバ型は囲い式フードである。

ⅱ）イラストの出題
　局所排気装置のイラストと名称が組み合わせて出題される。フードの見た目と名称が一致するように覚えよう。

ⅲ）排気効果に関する出題
　局所排気装置の名称が出題され、排気効果が高い順に並んでいるものが問われる。
　特に、排気効果が一番高いものが問われることが多い。

ポイント　　排気効果は囲い式カバー型が1番大きい！

1 労働衛生保護具

（1）呼吸用保護具

　呼吸用保護具は次の表の種類があり、有害物質の性質や作業時間、健康診断の結果等の情報から適正な選択が必要となる。

図表 呼吸用保護具の種類

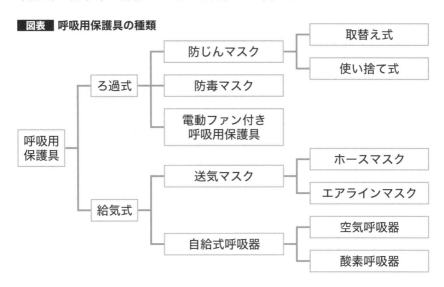

❶ 防じんマスク

ア．防じんマスクの種類

　　　防じんマスクとは粉じんやミスト、ヒューム等の粒子状物質をろ過材（フィルタ）によって捕集し、呼吸器健康障害を防ぐための保護具である。マスク本体に取り付けたフィルタの交換ができる取替え式と、マスクそのものがフィルタである使い捨て防じんマスクに分けられる。防じんマスクは固体と液体の試験粒子と粒子捕集率によってさらに３段階に区分されている。

図表 防じんマスクの種類

〈使い捨て式防じんマスク〉

〈取替え式防じんマスク〉

> 面体とは顔に接着
> する部分のこと

イ．使用上の留意点

- 防じんマスクは、面体ごとに、型式検定合格標章の付されたものを使用する
- 酸素欠乏場所、有害ガスが存在する場所での使用は不可
- 原則として、面体の接顔部には**接顔メリヤスを使用してはならない**
- 面体と顔面との間に**タオルなどを当てて着用してはならない**
- 高濃度ばく露のおそれがあると認められるときは、できるだけ粉じん捕集効率が高く、かつ、排気弁の動的漏れ率が低いものを選ぶ
- 顔面とマスクの面体の高い密着性が要求される有害性の高い物質を取り扱う作業の場合、**取替え式のものを選ぶ**
- 一部の高性能な防じんマスクは**ヒューム（粒径 0.1 ～ 1 µm 程度の金属粉じん）に対しても有効である**
- 手入れの際、ろ過材に付着した粉じんを除去するとき、**圧縮空気で吹き飛ばしたり、ろ過材を強くたたいて払い落としたりしてはならない**

> 軽くたたいて
> 払い落とすことはOK

参考 接顔メリヤスとは

　マスク装着時に、顔面とマスクが接する部分（多くはシリコンゴム製）に被せるカバーのこと。粉じん等が面体の接顔部から面体内へ漏れ込むおそれがあるため、原則使用できない。防じんマスク使用時に汗や接顔部のゴムによって湿疹を起こすおそれがあり、かつ、面体と顔面との密着性が良好であるときに限り使用が認められる。

❷ 防毒マスク

ア．防毒マスクの種類

　　有害なガスや蒸気を吸収缶（有害物質を吸収する物体を詰めた缶）により除去し、中毒などの健康障害を防止するための保護具である。防毒マスクの吸収缶が除毒能力を喪失するまでの時間を破過時間という。

　　面体と吸収缶とが離れていて連結管で接続されている隔離式と、吸収缶が面体に直接つながっている直結式がある。**隔離式防毒マスクは、直結式防毒マスクよりも高濃度の大気中で使用することができる。**

■図表■ **防毒マスクの種類**

〈隔離式防毒マスク〉

〈直結式防毒マスク〉

イ．吸収缶の種類

　　防毒マスクの使用に当たっては有毒ガスの種類に合わせて吸収缶の選択が必要である。吸収缶は種類ごとに色分けがされている。

第**5**章 労働衛生（有害業務に係るもの）〈第1種のみの科目〉

なお防じん機能を有する防毒マスクにあっては、吸収缶のろ過材がある部分に白線を入れる。

図表 主な吸収缶の色分け

有毒ガスの種類	吸収缶の色
一酸化炭素	赤
硫化水素	黄
シアン化水素（青酸）	青
アンモニア	緑
有機ガス	黒
ハロゲンガス	灰／黒

\ **試験**ではこう出る！ /

吸収缶の色の組合せが問われる。語呂合わせで覚えよう。

語呂合わせ

毒ガスに　夕陽黒々　炭真っ赤
　　　　　↓　↓　　↓　　↓
　　　有機ガス 黒　一酸化炭素　赤

ウ. 使用上の留意点

- 酸素欠乏場所（酸素濃度18％未満）での使用は不可
- 面体の接顔部には接顔メリヤスを使用してはならない
- 締めひもは耳にかけることなく、後頭部で固定する
- 2種類以上の有害ガスが混在している場合、当該2種類以上の有害物質についてそれぞれ型式検定に合格した吸収缶を使用する
- 高濃度の有害ガスが存在する場合、防毒マスクではなく、送気マスクか自給式呼吸器を使用する

ガスの濃度が高いと防毒マスクの吸収缶が短時間で除毒能力を失う可能性があるため。

❸ 電動ファン付き呼吸用保護具

ア．特徴

　　ろ過材を通過させることにより粉じん等の粒子状物質を除去し、浄化した空気を電動のファンにより着用者に送風するマスクである。着用者の面体等の内部が外気圧より高く保たれる（陽圧）ため外気の漏れが少なく防護率が高く、防じんマスクより楽に呼吸ができる。

イ．使用上の留意点

- ファンで有毒ガスを吹き飛ばすわけではない
- 酸素欠乏場所（酸素濃度 18％未満）での使用は不可

図表 電動ファン付き呼吸用保護具

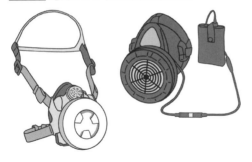

図表 送気マスク

❹ 送気マスク

　送気マスクは、清浄な空気をパイプ、ホース等により作業者に給気する呼吸保護具である。高濃度の有害ガスが存在する場合にも使用され、自然の大気を空気源とするホースマスクと、圧縮空気を空気源とするエアラインマスクがある。

　酸素欠乏のおそれがある場所で使用できる。ホース等が必要であるため、行動範囲が狭い。

❺ 自給式呼吸器

清浄な空気をボンベに詰めたものを空気源とする空気呼吸器と、酸素ボンベ等から供給される酸素を給気する酸素呼吸器がある。行動範囲が広いが、ボンベに充填された空気量しか行動できないため、連続使用時間は短い。

 ポイント　自給式呼吸器に送気マスクは含まれない！

（2）その他の労働衛生保護具

❶ 聴覚保護具（防音保護具）

強烈な騒音から聴覚を保護するためのもの。耳栓とイヤーマフがあり、それらの**併用も有効**である。100dB を超える騒音下でも適切なものを用いれば、耳栓だけでも有効である。

図表 聴覚保護具

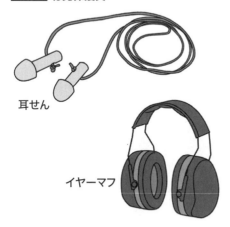

耳せん

イヤーマフ

❷ 保護クリーム

作業中に有害な物質が直接皮膚に付着しないようにするためのもの。**作業終了とともに洗い落とす**ようにする。保護クリームを塗布しても、有害性の強い化学物質を**直接素手で取り扱ってはならない**。

❸ 眼を守るもの

保護眼鏡：飛散粒子、薬品の飛沫等による眼の障害を防ぐためのもの。

遮光保護具：赤外線等の有害光線による眼の障害を防ぐためのもの。
遮光保護具には、遮光度番号が定められており、溶接作業などの作業の種類に応じて適切な遮光度番号のものを使用する。

図表 **保護眼鏡と遮光保護具**

保護眼鏡

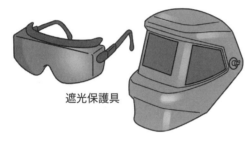

遮光保護具

❹ 防熱衣

高温から身体を保護するためのもの。アルミナイズドクロス製のものが多く使用されている。

❺ 化学防護服

有害物質による皮膚障害を防いだり、皮膚からの吸収を防いだりするためのもの。

1 特殊健康診断

　一定の有害な業務に従事する労働者に対しては、特殊健康診断を行わなければならない。留意点は次の通り。

（1）特殊健康診断

①有害業務への配置替えの際に行う特殊健康診断には、業務適性の判断と、その後の業務の影響を調べるための基礎資料を得るという目的がある。

②有害物質による健康障害の大部分のものは、初期または軽度の場合はほとんど無自覚で、諸検査の結果により早期に発見されることが多い。

③**他覚的所見が自覚症状に先行する。**

他覚的所見とは病院等の検査により客観的に気づくことができる症状のこと。特殊健康診断で見つかる健康症状は自覚症状がほぼないため、検査で気づくことが多い。

④類似のほかの疾患との判別と業務起因性についての判断が、一般健康診断よりも一層強く求められる。

⑤特殊健康診断において、適切な健診デザインを行うためには、作業内容と有害要因のばく露状況を把握する必要がある。

⑥振動工具取扱い作業者に対する特殊健康診断を1年に2回実施する場合、そのうち1回は冬季に行うとよい。

（2）特殊健康診断の尿の採取

　鉛業務及び有機溶剤業務はともに尿検査が必要だが、尿の採取時期が異なる。

図表 生物学的半減期と尿の採取時期まとめ

	生物学的半減期	尿の採取時期
鉛	長い	作業期間中の任意の時期
有機溶剤	短い	作業期間中に厳重にチェック

鉛は生物学的半減期が**長く**、採尿は任意の時期でよいが、**有機溶剤**は生物学的半減期が**短い**ので採尿の時刻を厳重にチェックする必要がある。
➡生物学的半減期とは化学物質の体内への吸収が止まり、体外へ排出されていく時、体内濃度が最初の1／2に減少するまでの時間を指す。鉛は生物学的半減期が数十日〜数年だが、有機溶剤は数時間〜10時間以内の物が多い。有機溶剤業務の場合、採尿時刻まで管理しないと時間の経過とともに有機溶剤が体外へ出てしまい、ばく露量を正確に推定することができない。

> 化学物質が代謝により体内で違う物質へ変わるため代謝後の物質を検査する

❶ 生物学的モニタリング

尿中や血液中の代謝物等を測定することで、有害物質へのばく露状況を把握する検査。物質ごとの代謝物は次の表の通り。

図表 尿中代謝物の代表例

物質の種類	尿中代謝物
鉛	デルタアミノレブリン酸
スチレン	マンデル酸
キシレン	メチル馬尿酸
トルエン	馬尿酸

試験ではこう出る！

それぞれの尿中代謝物の組合せが出題される。語呂合わせで覚えよう。

語呂合わせ

鉛デル	スマン	きしめん	馬通る
鉛・デルタアミノレブリン酸	スチレン・マンデル酸	キシレン・メチル馬尿酸	馬尿酸・トルエン

1 危険性または有害性等の調査等に関する指針

（1）概要

　リスクアセスメント（危険性または有害性等の調査）とは、作業方法・機械設備・化学物質等に係る危険性または有害性（ハザード）を特定し、特定された危険性または有害性によって生ずるおそれのある**負傷または疾病の重篤度、及び発生する可能性の度合い（リスク）**を見積もり、それに対しリスク低減措置を検討・実施する一連のプロセスをいう。労働安全衛生法において事業者の実施が努力義務化されている。

（2）リスクアセスメントの実施手順

❶ 危険性または有害性の特定

　作業方法・機械設備・化学物質等を新規に採用または変更する際に、あらかじめどのような負傷または疾病が発生しうるかを特定（予測）する。

❷ リスクの見積り

　特定された負傷または疾病の重篤度（怪我や病気の重さ）に加え、発生可能性を検討し、リスク低減措置の優先度を決定するためのリスクを見積もる。

❸ リスク低減措置の検討

　優先度の高いものからリスク低減措置を検討する。

❹ リスク低減措置の実施

　リスク低減措置を実施する。

2 化学物質等による危険性または有害性等の調査等に関する指針

(1)概要

　一定の危険性・有害性が確認されている化学物質については、リスクアセスメントの実施が事業者に義務付けられている。対象となる化学物質は、労働安全衛生法等に基づき安全データシート（SDS）の交付が義務付けられている物質（リスクアセスメント対象物）とほぼ同一である。

※安全データシート（SDS：Safety Data Sheet）とは、化学物質の性状及び取扱いに関する情報を記載した文書。化学物質の説明書のようなイメージをもつとよい。GHS（化学品の分類及び表示に関する世界調和システム）分類に基づく化学物質の有害性等の情報が掲載されている。

※GHS（化学品の分類及び表示に関する世界調和システム）とは、化学品の危険有害性を世界的に統一された一定の基準に従って分類したもの。

(2)化学物質等に係るリスクアセスメントの実施手順

❶ リスクアセスメント対象物による危険性または有害性の特定

　リスクアセスメント対象物について、リスクアセスメント等の対象となる業務を洗い出した上で、SDSに記載されているGHS分類等に即して危険性または有害性を特定する。

❷ リスクの見積り

　対象物を製造しまたは取り扱う業務ごとに次の方法、またはそれらの方法の併用によるリスクを見積もる。

　　ア．リスクアセスメント対象物が労働者に危険を及ぼし、または健康障害を生ずるおそれの程度（発生可能性）と、危険または健康障害の程度（重篤度）を考慮する方法。

マトリクス法	発生可能性と重篤度を相対的に尺度化し、それらを縦軸と横軸とし、あらかじめ発生可能性と重篤度に応じてリスクが割り付けられた表を使用してリスクを見積もる方法
数値化法	発生可能性と重篤度を一定の尺度によりそれぞれ数値化し、それらを加算または乗算等してリスクを見積もる方法
枝分かれ図を用いた方法	発生可能性と重篤度を段階的に分岐していくことによりリスクを見積もる方法
コントロール・バンディング	化学物質リスク簡易評価法(コントロール・バンディング)等を用いてリスクを見積もる方法
災害のシナリオから見積もる方法	化学プラント等の化学反応のプロセス等による災害のシナリオを仮定して、その事象の発生可能性と重篤度を考慮する方法

　イ．労働者がリスクアセスメント対象物にさらされる程度（ばく露濃度等）と、この対象物の有害性の程度を考慮する方法。

■図表■ ばく露濃度と有害性の程度を考慮する方法

管理濃度と比較する方法	管理濃度が定められている物質については、作業環境測定により測定した当該物質の第1評価値を当該物質の管理濃度と比較する方法
濃度基準値と比較する方法	濃度基準値が設定されている物質については、個人ばく露濃度測定により測定した当該物質の濃度を当該物質の濃度基準値と比較する方法
実測値による方法	管理濃度または濃度基準値が設定されていない物質については、対象の業務について作業環境測定等によって測定した作業場所における当該物質の気中濃度等(または個人ばく露濃度)を、当該物質のばく露限界(日本産業衛生学会の許容濃度等)と比較する方法
使用量等から推定する方法	数理モデルを用いて対象の業務の作業を行う労働者の周辺のリスクアセスメント対象物の気中濃度を推定し、当該物質の濃度基準値またはばく露限界と比較する方法
あらかじめ尺度化した表を使用する方法	リスクアセスメント対象物への労働者のばく露の程度と当該物質による有害性を相対的に尺度化し、これらを縦軸と横軸とし、あらかじめばく露の程度と有害性の程度に応じてリスクが割り付けられた表を使用してリスクを見積もる方法

❸ リスク低減措置の検討

❶～❷の結果に基づき、次の優先順位で労働者の危険または健康障害を防止するための措置の内容を検討する。**優先順位の高い措置から順に検討する。**

図表 リスク低減措置の検討

優先順位
高

低

1)	危険性または有害性のより低い物質への代替等	危険性または有害性のより低い物質への代替（例：有害性の高い化学物質等の使用の中止）、**化学反応のプロセス等の運転条件の変更**(注)、取り扱う化学物質等の形状の変更等、またはこれらの併用によるリスクの低減法
2)	工学的対策または衛生工学的対策	工学的対策：化学物質のための機械設備等の防爆構造化、安全装置の二重化等 衛生工学的対策：化学物質のための機械設備等の密閉化、局所排気装置または全体排気装置の設置・稼働 等
3)	管理的対策	作業方法の改善・整備、教育訓練、立入禁止等
4)	有効な呼吸用保護具等の使用	化学物質等の有害性に応じた有効な保護具の使用（例：個人用保護具の使用）

注：〈化学反応のプロセス等の運転条件の変更〉とは、温度や圧力等の運転条件を変えて発散量を減らす等のことをいう。

注：より優先順位の高い措置を実施することにした場合であって、当該措置により十分にリスクが低減される場合には、当該措置よりも優先順位の低い措置の検討まで要するものではない。

❹ リスク低減措置の実施

検討したリスク低減措置をリスクの高い物から優先して速やかに実施。

❺ リスクアセスメント結果等の労働者への周知

対象物の名称、対象業務の内容、リスクアセスメントの結果、実施するリスク低減措置の内容を労働者へ周知。

（3）リスクアセスメントの結果等に関する記録の作成と保存

　リスクアセスメントの結果と、その結果に基づき事業者が講ずる労働者の健康障害を防止するための措置の内容等は、労働者へ周知するとともに記録を作成し、次のリスクアセスメントを実施するまでの期間（ただし、最低３年間）保存しなければならない。

\ **試験**ではこう出る！/

　　出題は主に３つのパターンに分けられる。

ⅰ）リスクの定義を問う問題

　　負傷または疾病の重篤度、及び発生する可能性の度合いを「リスク」というが、「ハザード」と誤りの選択肢が出題される。ハザードとは危険性そのものを指すものなので誤り！

ⅱ）リスク見積りの手法を問う問題

　　労働者がリスクアセスメント対象物にさらされる程度（ばく露濃度等）と、この対象物の有害性の程度を考慮する各種見積り手法について、何と何を比較するのかを問う問題が出題される。

✕調査の対象とした化学物質等への労働者の個人ばく露濃度を測定し、測定結果を厚生労働省の「作業環境評価基準」に示されている当該化学物質の管理濃度と比較する。

正しくは➡この選択肢は「実測値による方法」についての選択肢である。実測値による方法は調査の対象とした化学物質等への労働者の気中濃度（または個人ばく露濃度）を測定し、測定結果を当該化学物質のばく露限界（日本産業衛生学会の「許容濃度」等）と比較する方法が効果的である。

ⅲ）リスク低減措置の優先順位を問う問題

　　リスク低減措置の優先順位が問われる。特に優先度の最も高いものと低いものが出題される。

ポイント　リスク見積りで比較するもの

　　リスク見積りの際の比較するもの組合せを覚える。

管理濃度と比較する方法	第１評価値 と 管理濃度
濃度基準値と比較する方法	個人ばく露濃度 と 濃度基準値
実測値による方法・使用量等から推定する方法	気中濃度等 と ばく露限界

練習問題

第1種の方は【問1】～【問50】、第2種の方は【問21】～【問50】を解答すること。

第1回練習問題

関係法令（有害業務に係るもの）

【問1】常時600人の労働者を使用する製造業の事業場における衛生管理体制に関する(1)〜(5)の記述のうち、法令上、誤っているものはどれか。ただし、600人中には、製造工程において次の業務に常時従事する者がそれぞれに示す人数含まれているが、試験研究の業務はなく、他の有害業務はないものとし、衛生管理者及び産業医の選任の特例はないものとする。

深夜業を含む業務 ………………………………………………… 300人

多量の低温物体を取り扱う業務 ………………………………… 100人

特定化学物質のうち第三類物質を製造する業務 ……………… 20人

(1)衛生管理者は、3人以上選任しなければならない。

(2)衛生管理者のうち1人を、衛生工学衛生管理者免許を受けた者のうちから選任しなければならない。

(3)衛生管理者のうち少なくとも1人を、専任の衛生管理者としなければならない。

(4)産業医としての法定の要件を満たしている医師で、この事業場に専属でないものを産業医として選任することができる。

(5)特定化学物質作業主任者を選任しなければならない。

【問2】次の業務に労働者を就かせるとき、法令に基づく安全又は衛生のための特別の教育を行わなければならないものはどれか。

(1)赤外線又は紫外線にさらされる業務

(2)有機溶剤等を用いて行う接着の業務

(3)塩酸を用いて行う分析の業務

(4)エックス線回折装置を用いて行う分析の業務

(5)廃棄物の焼却施設において焼却灰を取り扱う業務

【問3】 次の免許のうち、労働安全衛生法令に定められていないものは
どれか。
  (1)潜水士免許　(2)高圧室内作業主任者免許
  (3)エックス線作業主任者免許　(4)石綿作業主任者免許
  (5)ガンマ線透過写真撮影作業主任者免許

【問4】 次の特定化学物質を製造しようとするとき、労働安全衛生法に
基づく厚生労働大臣の許可を必要としないものはどれか。
  (1)アルファ-ナフチルアミン　(2)塩素化ビフェニル（別名PCB）
  (3)オルト-トリジン　(4)オルト-トルイジン　(5)ベンゾトリクロリド

【問5】 次のAからEの粉じん発生源について、法令上、特定粉じん発
生源に該当するものの組合せは(1)～(5)のうちどれか。
  A 屋内において、耐火物を用いた炉を解体する箇所
  B 屋内の、ガラスを製造する工程において、原料を溶解炉に投げ入
れる箇所
  C 屋内において、研磨材を用いて手持式動力工具により金属を研磨
する箇所
  D 屋内において、粉状の炭素製品を袋詰めする箇所
  E 屋内において、固定の溶射機により金属を溶射する箇所
  (1)A，B　　(2)A，E　　(3)B，C　　(4)C，D　　(5)D，E

【問6】 有機溶剤等を取り扱う場合の措置について、有機溶剤中毒予防
規則に違反しているものは次のうちどれか。ただし、同規則に定める
適用除外及び設備の特例はないものとする。
  (1)地下室の内部で第一種有機溶剤等を用いて作業を行わせるとき、そ
の作業場所に局所排気装置を設け、有効に稼働させているが、作業
者に送気マスクも有機ガス用防毒マスクも使用させていない。
  (2)屋内作業場で、第二種有機溶剤等が付着している物の乾燥の業務に
労働者を従事させるとき、その作業場所に最大0.4m/sの制御風速

を出し得る能力を有する側方吸引型外付け式フードの局所排気装置を設け、かつ、作業に従事する労働者に有機ガス用防毒マスクを使用させている。

(3)屋内作業場に設けた空気清浄装置のない局所排気装置の排気口で、厚生労働大臣が定める濃度以上の有機溶剤を排出するものの高さを、屋根から1.5mとしている。

(4)第三種有機溶剤等を用いて払しょくの業務を行う屋内作業場について、定期に、当該有機溶剤の濃度を測定していない。

(5)有機溶剤等を入れてあった空容器で有機溶剤の蒸気が発散するおそれのあるものを、密閉して屋内の一定の場所に集積している。

【問7】厚生労働大臣が定める規格を具備しなければ、譲渡し、貸与し、又は設置してはならない機械等に該当するものは、次のうちどれか。

(1)聴覚保護具　(2)防振手袋　(3)化学防護服　(4)放射線装置室
(5)排気量40㎤以上の内燃機関を内蔵するチェーンソー

【問8】労働安全衛生規則の衛生基準について、誤っているものは次のうちどれか。

(1)炭酸ガス（二酸化炭素）濃度が0.15%を超える場所には、関係者以外の者が立ち入ることを禁止し、かつ、その旨を見やすい箇所に表示しなければならない。

(2)強烈な騒音を発する屋内作業場においては、その伝ぱを防ぐため、隔壁を設ける等必要な措置を講じなければならない。

(3)廃棄物の焼却施設において焼却灰を取り扱う業務（設備の解体等に伴うものを除く。）を行う作業場については、6か月以内ごとに1回、定期に、当該作業場における空気中のダイオキシン類の濃度を測定しなければならない。

(4)著しく暑熱又は多湿の作業場においては、坑内等特殊な作業場でやむを得ない事由がある場合を除き、休憩の設備を作業場外に設けなければならない。

(5)屋内作業場に多量の熱を放散する溶融炉があるときは、加熱された
空気を直接屋外に排出し、又はその放射するふく射熱から労働者を
保護する措置を講じなければならない。

【問9】法令に基づき定期に行う作業環境測定とその測定頻度との組合
せとして、誤っているものは次のうちどれか。
(1)溶融ガラスからガラス製品を成型する業務を行う屋内作業場の気温、
湿度及びふく射熱の測定 ……………………………… 半月以内ごとに1回
(2)通気設備が設けられている坑内の作業場における通気量の測定
……………………………………………………………… 半月以内ごとに1回
(3)非密封の放射性物質を取り扱う作業室における空気中の放射性物質
の濃度の測定 ……………………………… 1か月以内ごとに1回
(4)鉛ライニングの業務を行う屋内作業場における空気中の鉛濃度の測
定 ……………………………………………… 6か月以内ごとに1回
(5)常時特定粉じん作業を行う屋内作業場における空気中の粉じん濃度
の測定 ……………………………………………… 6か月以内ごとに1回

【問10】労働基準法に基づき、満18歳に満たない者を就かせてはなら
ない業務に該当しないものは次のうちどれか。
(1)さく岩機、鋲打機等身体に著しい振動を与える機械器具を用いて行
う業務
(2)著しく寒冷な場所における業務
(3)20kgの重量物を継続的に取り扱う業務
(4)超音波にさらされる業務
(5)強烈な騒音を発する場所における業務

【問11】化学物質とその常温・常圧（25℃、1気圧）での空気中における状態との組合せとして、誤っているものは次のうちどれか。ただし、ガスとは、常温・常圧で気体のものをいい、蒸気とは、常温・常圧で液体又は固体の物質が蒸気圧に応じて揮発又は昇華して気体となっているものをいうものとする。

(1)アクリロニトリル ……………………………………………… ガス

(2)アセトン ………………………………………………………… 蒸気

(3)アンモニア ……………………………………………………… ガス

(4)ホルムアルデヒド ……………………………………………… ガス

(5)二硫化炭素 ……………………………………………………… 蒸気

【問12】労働衛生対策を進めていくに当たっては、作業環境管理、作業管理及び健康管理が必要であるが、次のAからEの対策例について、作業管理に該当するものの組合せは(1)～(5)のうちどれか。

A 座位での情報機器作業における作業姿勢は、椅子に深く腰をかけて背もたれに背を十分あて、履き物の足裏全体が床に接した姿勢を基本とする。

B 有機溶剤業務を行う作業場所に設置した局所排気装置のフード付近の気流の風速を測定する。

C 放射線業務を行う作業場所において、外部放射線による実効線量を算定し、管理区域を設定する。

D ずい道建設工事の掘削作業において、土石又は岩石を湿潤な状態に保つための設備を稼働する。

E 介護作業等腰部に著しい負担のかかる作業に従事する労働者に対し、腰痛予防体操を実施する。

(1)A，B　(2)A，C　(3)B，C　(4)C，D　(5)D，E

【問13】化学物質等による疾病のリスクの低減措置について、法令に定められた措置以外の措置を検討する場合、優先度の最も高いものは次のうちどれか。

(1)化学物質等に係る機械設備等の密閉化

(2)化学物質等に係る機械設備等への局所排気装置の設置

(3)化学反応のプロセス等の運転条件の変更

(4)化学物質等の有害性に応じた有効な保護具の使用

(5)作業手順の改善

【問14】化学物質による健康障害に関する次の記述のうち、正しいものはどれか。

(1)一酸化炭素による中毒では、ヘモグロビン合成の障害による貧血、溶血などがみられる。

(2)弗化水素による中毒では、脳神経細胞が侵され、幻覚、錯乱などの精神障害がみられる。

(3)シアン化水素による中毒では、細胞内の酸素の利用の障害による呼吸困難、けいれんなどがみられる。

(4)塩化ビニルによる慢性中毒では、慢性気管支炎、歯牙酸蝕症などがみられる。

(5)塩素による中毒では、再生不良性貧血、溶血などの造血機能の障害がみられる。

【問15】作業環境における騒音及びそれによる健康障害に関する次の記述のうち、誤っているものはどれか。

(1)騒音性難聴は、内耳にある聴覚器官の有毛細胞の変性によって起こる。

(2)騒音性難聴は、初期には気付かないことが多く、また、不可逆的な難聴であるという特徴がある。

(3)騒音は、自律神経系や内分泌系へも影響を与えるため、騒音ばく露により、交感神経の活動の亢進や副腎皮質ホルモンの分泌の増加が認められることがある。

(4)騒音性難聴では、通常、会話音域より高い音域から聴力低下が始まる。

(5)等価騒音レベルは、中心周波数500Hz、1,000Hz、2,000Hz及び4,000Hzの各オクターブバンドの騒音レベルの平均値で、変動する騒音に対する人間の生理・心理的反応とよく対応する。

【問16】 金属などによる健康障害に関する次の記述のうち、誤っているものはどれか。

(1)ベリリウム中毒では、接触皮膚炎、肺炎などの症状がみられる。

(2)マンガン中毒では、歩行障害、発語障害、筋緊張亢進などの症状がみられる。

(3)クロム中毒では、低分子蛋白尿、歯への黄色の色素沈着、視野狭窄などの症状がみられる。

(4)カドミウム中毒では、上気道炎、肺炎、腎機能障害などがみられる。

(5)金属水銀中毒では、感情不安定、幻覚などの精神障害、手指の震えなどの症状がみられる。

【問17】 レーザー光線に関する次の記述のうち、誤っているものはどれか。

(1)レーザー光線は、おおむね1nmから180nmまでの波長域にある。

(2)レーザー光線は、単一波長で位相のそろった人工光線である。

(3)レーザー光線の強い指向性や集束性を利用し、高密度のエネルギーを発生させることができる。

(4)出力パワーが最も弱いクラス1又はクラス2のレーザー光線は、可視光のレーザーポインタとして使用されている。

(5)レーザー光線にさらされるおそれのある業務は、レーザー機器の出力パワーなどに基づくクラス分けに応じた労働衛生上の対策を講じる必要がある。

【問 18】 作業環境における有害要因による健康障害に関する次の記述のうち、正しいものはどれか。

(1) 潜水業務における減圧症は、浮上による減圧に伴い、血液中に溶け込んでいた酸素が気泡となり、血管を閉塞したり組織を圧迫することにより発生する。

(2) 熱けいれんは、高温環境下での労働において、皮膚の血管に血液がたまり、脳への血液の流れが少なくなることにより発生し、めまい、失神などの症状がみられる。

(3) 全身振動障害では、レイノー現象などの末梢循環障害や手指のしびれ感などの末梢神経障害がみられ、局所振動障害では、関節痛などの筋骨格系障害がみられる。

(4) 低体温症は、低温下の作業で全身が冷やされ、体の中心部の温度が35℃程度以下に低下した状態をいう。

(5) マイクロ波は、赤外線より波長が短い電磁波で、照射部位の組織を加熱する作用がある。

【問 19】 有害物質を発散する屋内作業場の作業環境改善に関する次の記述のうち、正しいものはどれか。

(1) 有害物質を取り扱う装置を構造上又は作業上の理由で完全に密閉できない場合は、装置内の圧力を外気圧より高くする。

(2) 局所排気装置を設置する場合は、給気量が不足すると排気効果が低下するので、排気量に見合った給気経路を確保する。

(3) 有害物質を発散する作業工程では、局所排気装置の設置を密閉化や自動化より優先して検討する。

(4) 局所排気装置を設ける場合、ダクトが細すぎると搬送速度が不足し、太すぎると圧力損失が増大することを考慮して、ダクト径を決める。

(5) 局所排気装置に設ける空気清浄装置は、一般に、ダクトに接続された排風機を通過した後の空気が通る位置に設置する。

【問20】有害化学物質とその生物学的モニタリング指標として用いられる尿中の代謝物との組合せとして、正しいものは次のうちどれか。

(1)トルエン ……………………………………………… トリクロロ酢酸

(2)キシレン ………………………………………………… メチル馬尿酸

(3)スチレン …………………………………………………………… 馬尿酸

(4)N,N-ジメチルホルムアミド …………………… デルタ-アミノレブリン酸

(5)鉛 …………………………………………………………………… マンデル酸

関係法令(有害業務に係るもの以外のもの)

【問21】事業場の衛生管理体制に関する次の記述のうち、法令上、誤っているものはどれか。ただし、衛生管理者の選任の特例はないものとする。

(1)常時200人以上の労働者を使用する各種商品小売業の事業場では、総括安全衛生管理者を選任しなければならない。

(2)常時1,000人を超え2,000人以下の労働者を使用する事業場では、4人以上の衛生管理者を選任しなければならない。

(3)常時50人以上の労働者を使用する燃料小売業の事業場では、第二種衛生管理者免許を受けた者のうちから衛生管理者を選任することができる。

(4)2人以上の衛生管理者を選任する場合、そのうち1人についてはその事業場に専属でない労働衛生コンサルタントのうちから選任することができる。

(5)衛生管理者を選任したときは、遅滞なく、法定の様式による報告書を、所轄労働基準監督署長に提出しなければならない。

【問22】産業医に関する次の記述のうち、法令上、誤っているものはどれか。ただし、産業医の選任の特例はないものとする。

(1)産業医を選任しなければならない事業場は、常時50人以上の労働

者を使用する事業場である。

(2)常時使用する労働者数が2,000人を超える事業場では、産業医を2人以上選任しなければならない。

(3)重量物の取扱い等重激な業務に常時500人以上の労働者を従事させる事業場では、その事業場に専属の産業医を選任しなければならない。

(4)産業医が、事業者から、毎月1回以上、所定の情報の提供を受けている場合であって、事業者の同意を得ているときは、産業医の作業場等の巡視の頻度を、毎月1回以上から2か月に1回以上にすることができる。

(5)産業医は、労働者に対する衛生教育に関することであって、医学に関する専門的知識を必要とする事項について、総括安全衛生管理者に対して勧告することができる。

【問23】衛生委員会に関する次の記述のうち、法令上、誤っているものはどれか。

(1)衛生委員会の議長を除く全委員は、事業場に労働者の過半数で組織する労働組合がないときは、労働者の過半数を代表する者の推薦に基づき指名しなければならない。

(2)衛生委員会の議長は、原則として、総括安全衛生管理者又は総括安全衛生管理者以外の者で事業場においてその事業の実施を統括管理するもの若しくはこれに準ずる者のうちから事業者が指名した委員がなるものとする。

(3)事業場に専属ではないが、衛生管理者として選任している労働衛生コンサルタントを、衛生委員会の委員として指名することができる。

(4)当該事業場の労働者で、衛生に関し経験を有するものを衛生委員会の委員として指名することができる。

(5)衛生委員会の付議事項には、長時間にわたる労働による労働者の健康障害の防止を図るための対策の樹立に関することが含まれる。

【問24】労働安全衛生規則に基づく医師による健康診断に関する次の記述のうち、誤っているものはどれか。

(1)雇入時の健康診断において、医師による健康診断を受けた後3か月を経過しない者が、その健康診断結果を証明する書面を提出したときは、その健康診断の項目に相当する項目を省略することができる。

(2)雇入時の健康診断の項目のうち、聴力の検査は、1,000Hz及び4,000Hzの音について行わなければならない。

(3)深夜業を含む業務に常時従事する労働者に対し、6か月以内ごとに1回、定期に、健康診断を行わなければならないが、胸部エックス線検査については、1年以内ごとに1回、定期に、行うことができる。

(4)定期健康診断を受けた労働者に対し、健康診断を実施した日から3か月以内に、当該健康診断の結果を通知しなければならない。

(5)定期健康診断の結果に基づき健康診断個人票を作成して、これを5年間保存しなければならない。

【問25】事業場の建築物、施設等に関する措置について、労働安全衛生規則の衛生基準に違反していないものは次のうちどれか。

(1)常時男性35人、女性10人の労働者を使用している事業場で、労働者が臥床することのできる男女別々の休養室又は休養所を設けていない。

(2)常時50人の労働者を就業させている屋内作業場の気積が、設備の占める容積及び床面から4mを超える高さにある空間を除き450㎥になっている。

(3)日常行う清掃のほか、毎年1回、12月下旬の平日を大掃除の日と決めて大掃除を行っている。

(4)事業場に附属する食堂の床面積を、食事の際の1人について、0.5㎡としている。

(5)労働衛生上の有害業務を有しない事業場において、窓その他の開口部の直接外気に向かって開放することができる部分の面積が、常時床面積の25分の1である屋内作業場に、換気設備を設けていない。

【問26】労働時間の状況等が一定の要件に該当する労働者に対して、法令により実施することが義務付けられている医師による面接指導に関する次の記述のうち、正しいものはどれか。ただし、新たな技術、商品又は役務の研究開発に係る業務に従事する者及び高度プロフェッショナル制度の対象者はいないものとする。

(1)面接指導の対象となる労働者の要件は、原則として、休憩時間を除き1週間当たり40時間を超えて労働させた場合におけるその超えた時間が1か月当たり100時間を超え、かつ、疲労の蓄積が認められる者であることとする。

(2)事業者は、面接指導を実施するため、タイムカードによる記録等の客観的な方法その他の適切な方法により、労働者の労働時間の状況を把握しなければならない。

(3)面接指導の結果は、健康診断個人票に記載しなければならない。

(4)事業者は、面接指導の結果に基づき、労働者の健康を保持するために必要な措置について、原則として、面接指導が行われた日から3か月以内に、医師の意見を聴かなければならない。

(5)事業者は、面接指導の結果に基づき、当該面接指導の結果の記録を作成して、これを3年間保存しなければならない。

【問27】労働安全衛生法に基づく労働者の心理的な負担の程度を把握するための検査(以下「ストレスチェック」という。)及びその結果等に応じて実施される医師による面接指導に関する次の記述のうち、法令上、正しいものはどれか。

(1)ストレスチェックを受ける労働者について解雇、昇進又は異動に関して直接の権限を持つ監督的地位にある者は、ストレスチェックの実施の事務に従事してはならない。

(2)事業者は、ストレスチェックの結果が、衛生管理者及びストレスチェックを受けた労働者に通知されるようにしなければならない。

(3)面接指導を行う医師として事業者が指名できる医師は、当該事業場の産業医に限られる。

(4)面接指導の結果は、健康診断個人票に記載しなければならない。

(5)事業者は、面接指導の結果に基づき、当該労働者の健康を保持するため必要な措置について、面接指導が行われた日から3か月以内に、医師の意見を聴かなければならない。

【問28】事務室の空気環境の調整に関する次の文中の［　　　］内に入れるA及びBの数値の組合せとして、法令上、正しいものは(1)〜(5)のうちどれか。

「① 空気調和設備又は機械換気設備を設けている場合は、室に供給される空気が、1気圧、温度25℃とした場合の当該空気中に占める二酸化炭素の含有率が100万分の［　A　］以下となるように、当該設備を調整しなければならない。

② ①の設備により室に流入する空気が、特定の労働者に直接、継続して及ばないようにし、かつ、室の気流を［　B　］m/s以下としなければならない。」

```
        A       B
(1)  1,000    0.3
(2)  1,000    0.5
(3)  2,000    0.3
(4)  2,000    0.5
(5)  2,000     1
```

【問29】労働基準法に定める妊産婦等に関する次の記述のうち、法令上、誤っているものはどれか。ただし、常時使用する労働者数が10人以上の規模の事業場の場合とし、管理監督者等とは、「監督又は管理の地位にある者等、労働時間、休憩及び休日に関する規定の適用除外者」をいうものとする。

(1)時間外・休日労働に関する協定を締結し、これを所轄労働基準監督署長に届け出ている場合であっても、妊産婦が請求した場合には、管理監督者等の場合を除き、時間外・休日労働をさせてはならない。

(2)フレックスタイム制を採用している場合であっても、妊産婦が請求
した場合には、管理監督者等の場合を除き、1週40時間、1日8
時間を超えて労働させてはならない。

(3)妊産婦が請求した場合には、深夜業をさせてはならない。

(4)妊娠中の女性が請求した場合においては、他の軽易な業務に転換さ
せなければならない。

(5)原則として、産後8週間を経過しない女性を就業させてはならない。

【問30】週所定労働時間が25時間、週所定労働日数が4日である労働
者であって、雇入れの日から起算して3年6か月継続勤務したものに
対して、その後1年間に新たに与えなければならない年次有給休暇日
数として、法令上、正しいものは次のうちどれか。ただし、その労働
者はその直前の1年間に全労働日の8割以上出勤したものとする。
(1)8日　(2)9日　(3)10日　(4)11日　(5)12日

労働衛生(有害業務に係るもの以外のもの)

【問31】温熱条件に関する次の記述のうち、誤っているものはどれか。
(1)温度感覚を左右する環境条件は、気温、湿度及びふく射（放射）熱
の三つの要素で決まる。

(2)実効温度は、人の温熱感に基礎を置いた指標で、気温、湿度及び気
流の総合効果を温度目盛りで表したものである。

(3)相対湿度は、乾球温度と湿球温度によって求められる。

(4)WBGT基準値は、身体に対する負荷が大きな作業の方が、負荷が
小さな作業より小さな値となる。

(5)WBGT値がその基準値を超えるおそれのあるときには、冷房など
によりWBGT値を低減すること、代謝率レベルの低い作業に変更
することなどの対策が必要である。

【問32】一般の事務室における換気に関する次のAからDの記述について、誤っているものの組合せは(1)~(5)のうちどれか。

A 人間の呼気の成分の中で、酸素の濃度は約16%、二酸化炭素の濃度は約4％である。

B 新鮮な外気中の酸素濃度は約21%、二酸化炭素濃度は0.3 ~ 0.4%程度である。

C 室内の必要換気量（㎥/h）は、次の式により算出される。

$$\frac{室内にいる人が1時間に呼出する二酸化炭素量（㎥/h）}{室内二酸化炭素基準濃度（\%）-外気の二酸化炭素濃度（\%）} \times 100$$

D 必要換気量の算出に当たって、室内二酸化炭素基準濃度は、通常、1％とする。

(1)A，B　(2)A，C　(3)B，C　(4)B，D　(5)C，D

【問33】厚生労働省の「情報機器作業における労働衛生管理のためのガイドライン」に基づく措置に関する次の記述のうち、適切でないものはどれか。

(1)ディスプレイとの視距離は、おおむね50cmとし、ディスプレイ画面の上端を眼の高さよりもやや下にしている。

(2)書類上及びキーボード上における照度を400ルクス程度とし、書類及びキーボード面における明るさと周辺の明るさの差はなるべく小さくしている。

(3)一連続作業時間が1時間を超えないようにし、次の連続作業までの間に5分の作業休止時間を設け、かつ、一連続作業時間内において2回の小休止を設けている。

(4)1日の情報機器作業の作業時間が4時間未満である労働者については、自覚症状を訴える者についてのみ、情報機器作業に係る定期健康診断の対象としている。

(5)作業室内には、間接照明等のグレア防止用照明器具を用いている。

【問34】照明、採光などに関する次の記述のうち、誤っているものはどれか。

(1)1ルクス（lx）は、1カンデラ（cd）の光源から、1m離れた所において、光軸に垂直な面が受ける明るさをいう。

(2)部屋の彩色として、目の高さ以下は、まぶしさを防ぎ安定感を出すために濁色とし、目より上方の壁や天井は、明るい色を用いるとよい。

(3)全般照明と局部照明を併用する場合、全般照明による照度は、局部照明による照度の5分の1程度としている。

(4)前方から明かりを取るときは、まぶしさをなくすため、眼と光源を結ぶ線と視線とがなす角度が、40°以上になるように光源の位置を決めている。

(5)照明設備は、1年以内ごとに1回、定期に点検し、異常があれば電球の交換などを行っている。

【問35】厚生労働省の「職場における受動喫煙防止のためのガイドライン」に関する次のAからDの記述について、誤っているものの組合せは(1)～(5)のうちどれか。

A 第一種施設とは、多数の者が利用する施設のうち、学校、病院、国や地方公共団体の行政機関の庁舎等をいい、「原則敷地内禁煙」とされている。

B 一般の事務所や工場は、第二種施設に含まれ、「原則屋内禁煙」とされている。

C 第二種施設においては、特定の時間を禁煙とする時間分煙が認められている。

D たばこの煙の流出を防止するための技術的基準に適合した喫煙専用室においては、食事はしてはならないが、飲料を飲むことは認められている。

(1)A，B　(2)A，C　(3)B，C　(4)B，D　(5)C，D

【問36】労働衛生管理に用いられる統計に関する次の記述のうち、誤っているものはどれか。

(1)生体から得られたある指標が正規分布である場合、そのばらつきの程度は、平均値や最頻値によって表される。

(2)集団を比較する場合、調査の対象とした項目のデータの平均値が等しくても分散が異なっていれば、異なった特徴をもつ集団であると評価される。

(3)健康管理統計において、ある時点での検査における有所見者の割合を有所見率といい、このようなデータを静態データという。

(4)健康診断において、対象人数、受診者数などのデータを計数データといい、身長、体重などのデータを計量データという。

(5)ある事象と健康事象との間に、統計上、一方が多いと他方も多いというような相関関係が認められたとしても、それらの間に因果関係があるとは限らない。

【問37】厚生労働省の「職場における腰痛予防対策指針」に基づき、腰部に著しい負担のかかる作業に常時従事する労働者に対して当該作業に配置する際に行う健康診断の項目として、適切でないものは次のうちどれか。

(1)既往歴及び業務歴の調査　　(2)自覚症状の有無の検査
(3)負荷心電図検査　(4)神経学的検査　(5)脊柱の検査

【問38】脳血管障害及び虚血性心疾患に関する次の記述のうち、誤っているものはどれか。

(1)虚血性の脳血管障害である脳梗塞は、脳血管自体の動脈硬化性病変による脳血栓症と、心臓や動脈壁の血栓が剥がれて脳血管を閉塞する脳塞栓症に分類される。

(2)くも膜下出血は、通常、脳動脈瘤が破れて数日後、激しい頭痛で発症する。

(3)虚血性心疾患は、冠動脈による心筋への血液の供給が不足したり途

絶えることにより起こる心筋障害である。

(4)心筋梗塞では、突然激しい胸痛が起こり、「締め付けられるように痛い」、「胸が苦しい」などの症状が、1時間以上続くこともある。

(5)運動負荷心電図検査は、虚血性心疾患の発見に有用である。

【問39】食中毒に関する次の記述のうち、正しいものはどれか。

(1)感染型食中毒は、食物に付着した細菌そのものの感染によって起こる食中毒で、サルモネラ菌によるものがある。

(2)赤身魚などに含まれるヒスチジンが細菌により分解されて生成されるヒスタミンは、加熱調理によって分解する。

(3)エンテロトキシンは、フグ毒の主成分で、手足のしびれや呼吸麻痺を起こす。

(4)カンピロバクターは、カビの産生する毒素で、腹痛や下痢を起こす。

(5)ボツリヌス菌は、缶詰や真空パックなど酸素のない密封食品中でも増殖するが、熱には弱く、60℃、10分間程度の加熱で殺菌することができる。

【問40】メタボリックシンドローム診断基準に関する次の文中の[　　]内に入れるAからDの語句または数値の組合せとして、正しいものは(1)～(5)のうちどれか。

「日本人のメタボリックシンドローム診断基準で、腹部肥満（[　A　]脂肪の蓄積）とされるのは、腹囲が男性では[　B　]cm以上、女性では[　C　]cm以上の場合であり、この基準は、男女とも[　A　]脂肪面積が[　D　]cm²以上に相当する。」

	A	B	C	D
(1)	内臓	85	90	100
(2)	内臓	85	90	200
(3)	内臓	90	85	100
(4)	皮下	90	85	200
(5)	皮下	100	90	200

【問41】血液に関する次の記述のうち、誤っているものはどれか。

(1)血液は、血漿成分と有形成分から成り、血漿成分は血液容積の約55％を占める。

(2)血漿中の蛋白質のうち、アルブミンは血液の浸透圧の維持に関与している。

(3)白血球のうち、好中球には、体内に侵入してきた細菌や異物を貪食する働きがある。

(4)血小板のうち、リンパ球には、Bリンパ球、Tリンパ球などがあり、これらは免疫反応に関与している。

(5)血液の凝固は、血漿中のフィブリノーゲンがフィブリンに変化し、赤血球などが絡みついて固まる現象である。

【問42】心臓及び血液循環に関する次の記述のうち、誤っているものはどれか。

(1)心拍数は、左心房に存在する洞結節からの電気刺激によってコントロールされている。

(2)心臓の拍動による動脈圧の変動を末梢の動脈で触知したものを脈拍といい、一般に、手首の撓骨動脈で触知する。

(3)心臓自体は、大動脈の起始部から出る冠動脈によって酸素や栄養分の供給を受けている。

(4)肺循環により左心房に戻ってきた血液は、左心室を経て大動脈に入る。

(5)大動脈を流れる血液は動脈血であるが、肺動脈を流れる血液は静脈血である。

【問43】呼吸に関する次の記述のうち、誤っているものはどれか。

(1)呼吸運動は、横隔膜、肋間筋などの呼吸筋が収縮と弛緩をすることにより行われる。

(2)胸郭内容積が増し、その内圧が低くなるにつれ、鼻腔、気管などの気道を経て肺内へ流れ込む空気が吸気である。

(3)肺胞内の空気と肺胞を取り巻く毛細血管中の血液との間で行われるガス交換は、外呼吸である。

(4)血液中の二酸化炭素濃度が増加すると、呼吸中枢が刺激され、呼吸が速く深くなる。

(5)呼吸のリズムをコントロールしているのは、間脳の視床下部である。

【問44】摂取した食物中の炭水化物（糖質）、脂質及び蛋白質を分解する消化酵素の組合せとして、正しいものは次のうちどれか。

炭水化物（糖質）	脂質	蛋白質
(1)マルターゼ	リパーゼ	トリプシン
(2)トリプシン	アミラーゼ	ペプシン
(3)ペプシン	マルターゼ	トリプシン
(4)ペプシン	リパーゼ	マルターゼ
(5)アミラーゼ	トリプシン	リパーゼ

【問45】肝臓の機能として、誤っているものは次のうちどれか。

(1)コレステロールを合成する。

(2)尿素を合成する。

(3)ヘモグロビンを合成する。

(4)胆汁を生成する。

(5)グリコーゲンを合成し、及び分解する。

【問46】代謝に関する次の記述のうち、正しいものはどれか。

(1)代謝において、細胞に取り入れられた体脂肪、グリコーゲンなどが分解されてエネルギーを発生し、ATPが合成されることを同化という。

(2)代謝において、体内に摂取された栄養素が、種々の化学反応によって、細胞を構成する蛋白質などの生体に必要な物質に合成されるこ

とを異化という。

(3)基礎代謝量は、安静時における心臓の拍動、呼吸、体温保持などに必要な代謝量で、睡眠中の測定値で表される。

(4)エネルギー代謝率は、一定時間中に体内で消費された酸素と排出された二酸化炭素の容積比である。

(5)エネルギー代謝率は、動的筋作業の強度を表すことができるが、精神的作業や静的筋作業には適用できない。

【問47】腎臓又は尿に関する次の記述のうち、正しいものはどれか。

(1)血中の老廃物は、尿細管からボウマン囊に濾し出される。

(2)血中の蛋白質は、糸球体からボウマン囊に濾し出される。

(3)血中のグルコースは、糸球体からボウマン囊に濾し出される。

(4)原尿中に濾し出された電解質の多くは、ボウマン囊から血中に再吸収される。

(5)原尿中に濾し出された水分の大部分は、そのまま尿として排出される。

【問48】神経系に関する次の記述のうち、誤っているものはどれか。

(1)神経細胞（ニューロン）は、神経系を構成する基本的な単位で、通常、1個の細胞体、1本の軸索及び複数の樹状突起から成る。

(2)脊髄では、中心部が灰白質であり、その外側が白質である。

(3)大脳では、内側の髄質が白質であり、外側の皮質が灰白質である。

(4)体性神経には感覚器官からの情報を中枢に伝える感覚神経と、中枢からの命令を運動器官に伝える運動神経がある。

(5)交感神経系は、心拍数を増加し、消化管の運動を亢進する。

【問49】体温調節に関する次の記述のうち、正しいものはどれか。

(1)体温調節中枢は、脳幹の延髄にある。

(2)暑熱な環境においては、内臓の血流量が増加し体内の代謝活動が亢進することにより、人体からの熱の放散が促進される。

(3)体温調節のように、外部環境が変化しても身体内部の状態を一定に
　保つ生体の仕組みを同調性といい、筋肉と神経系により調整されて
　いる。

(4)計算上、体重70kgの人の体表面から10gの汗が蒸発すると、体温
　が約1℃下がる。

(5)発汗のほかに、皮膚及び呼気から水分を蒸発させている現象を不感
　蒸泄という。

【問50】ヒトのホルモン、その内分泌器官及びそのはたらきの組合せと
　して、誤っているものは次のうちどれか。

	ホルモン	内分泌器官	はたらき
(1)	ガストリン	胃	胃酸分泌刺激
(2)	アルドステロン	副腎皮質	体液中の塩類バランスの調節
(3)	パラソルモン	副甲状腺	血中のカルシウム量の調節
(4)	コルチゾール	膵臓	血糖量の増加
(5)	副腎皮質刺激ホルモン	下垂体	副腎皮質の活性化

第1回練習問題　解答・解説

関係法令（有害業務に係るもの）

問1　(2)

(1)設問の通り。常時使用する労働者が600人のため、選任する衛生管理者の人数は3人以上である（安衛則第7条）。(2)誤り。多量の低温物体を取り扱う業務等においては、衛生工学衛生管理者免許を有する者のうちから衛生管理者を選任する必要はない（安衛則第7条ほか）。(3)設問の通り。常時500人を超える労働者を使用する事業場において、常時使用する労働者のうち30人以上が有害業務に従事しているため、少なくとも1人は専任の衛生管理者を選任しなければならない（安衛則第7条ほか）。(4)設問の通り。事業場に専属の産業医を選任しなければならないのは常時1,000人以上の労働者を使用している場合、もしくは指定業務（深夜、坑内、有害、病原体等）に500人以上の労働者が従事している場合である（安衛則第13条）。設問では指定業務に420人しか従事していないため、専属とする必要はない。(5)設問の通り。特定化学物質のうち第三類物質を製造する業務については、特定化学物質作業主任者を選任しなければならない（安衛則第16条ほか）。

問2　(5)

(1)～(4)特別教育の対象外の業務である。(5)廃棄物の焼却施設において焼却灰を取り扱う業務は、特別教育の対象である（安衛法第59条ほか）。

問3　(4)

(1)(2)(3)(5)労働安全衛生法令に定められる免許である。(4)石綿作業主任者は、免許はなく、所定の技能講習を修了した者を選任する。

問4　(4)

(1)(2)(3)(5)製造等の許可物質である（安衛法第56条ほか）。(4)オルト－
トルイジンは、製造等の許可物質に該当しない。

問5　(5)

A〜C　特定粉じん発生源に該当しない。

D　屋内において、粉状の炭素製品を袋詰めする箇所は、特定粉じん
　発生源に該当する。

E　屋内において、固定の溶射機により金属を溶射する箇所は特定粉
　じん発生源に該当する。

問6　(2)

(1)(3)(4)(5)設問の通り。(2)制御風速が0.4m/s以上でなければならない
のは、側方吸引型外付け式ではなく囲い式フードである。なお、側方
吸引型外付け式フードの制御風速は0.5m/s以上である（有機則第16
条）。《参考》屋内作業場で第一種有機溶剤等・第二種有機溶剤等を用
いる場合、発生源を密閉する設備、局所排気装置またはプッシュプル
型換気装置の設置が義務付けられている。その際、労働者に送気マス
クや有機ガス用防毒マスクを着用させる定めはないため、(1)は法令に
違反していない。ただし、上記のような作業場の場合、特に法令に定
めがなくても、実務上は局所排気装置等のほかに送気マスクや有機ガ
ス用防毒マスクを着用させることが多い。

問7　(5)

(1)〜(4)厚生労働大臣が定める規格を具備しなければ、譲渡し、貸与し、
または設置してはならない機械等に該当しない。(5)排気量40cm³以上
の内燃機関を内蔵するチェーンソーは、厚生労働大臣が定める規格を
具備しなければ、譲渡し、貸与し、または設置してはならない機械等
に該当する（安衛法第42条ほか）。

問8 (1)

(1)炭酸ガス（二酸化炭素）濃度が1.5％を超える場所が立入禁止場所に該当する。よって、炭酸ガス（二酸化炭素）濃度が0.15％である場所は、立入禁止場所に該当しない（安衛則第585条）。(2)〜(5)設問の通り。

問9 (4)

(1)(2)(3)(5)設問の通り。(4)鉛ライニングの業務を行う屋内作業場における空気中の鉛濃度の測定は、6か月以内ごとに1回ではなく、1年以内ごとに1回行わなければならない（安衛法第65条ほか）。

問10 (4)

(1)(2)(3)(5)満18歳に満たない者を就かせてはならない業務に該当する（労基法第62条ほか）。(4)超音波にさらされる業務は、満18歳に満たない者を就かせてはならない業務に該当しない。

労働衛生(有害業務に係るもの)

問11 (1)

(1)アクリロニトリルは、常温・常圧の空気中ではガスではなく、蒸気である。(2)〜(5)設問の通り。

問12 (2)

A 「座位での情報機器作業における作業姿勢は、椅子に深く腰をかけて背もたれに背を十分あて、履き物の足裏全体が床に接した姿勢を基本とする」措置は作業管理に該当する。

B 「有機溶剤業務を行う作業場所に設置した局所排気装置のフード付近の気流の風速を測定する」措置は、作業環境管理に該当する。

C 「放射線業務を行う作業場所において、外部放射線による実効線量を算定し、管理区域を設定する」措置は、作業管理に該当する。

D 「ずい道建設工事の掘削作業において、土石または岩石を湿潤な状態に保つための設備を稼働する」措置は、作業環境管理に該当する。
E 「介護作業等腰部に著しい負担のかかる作業に従事する労働者に対し、腰痛予防体操を実施する」措置は、健康管理に該当する。

問13 ⑶

リスクの低減措置の検討は、次の順番で実施する。
化学反応のプロセス等の運転条件の変更⇒化学物質等に係る機械設備等の密閉化・化学物質等に係る機械設備等への局所排気装置の設置⇒作業手順の改善⇒化学物質等の有害性に応じた有効な保護具の使用。よって優先度の最も高いものは⑶である。

問14 ⑶

⑴一酸化炭素による中毒では、息切れ、頭痛から始まり、虚脱や意識混濁がみられる。⑵弗化水素による中毒では、肺炎や肺水腫、慢性中毒では骨の硬化や斑状歯等がみられる。⑶設問の通り。⑷塩化ビニルによる慢性中毒では、レイノー症状、指の骨の溶解、皮膚の硬化、肝障害等がみられる。⑸塩素による中毒では、咽頭痛や胸苦しさ、肺水腫等がみられる。

練習問題

問15 ⑸

⑴〜⑷設問の通り。⑸等価騒音レベルとは、ある時間範囲について、変動する騒音の騒音レベルをエネルギー的な平均値として表した量のことである。

問16 ⑶

⑴⑵⑷⑸設問の通り。⑶クロム中毒では、鼻中隔穿孔、肺がん、皮膚障害等の症状がみられる。

問17　(1)

(1)レーザー光線は、おおむね1 nmから180nmまでではなく、おおむね180nmから1 mmまでの波長域にある。(2)～(5)設問の通り。

問18　(4)

(1)減圧症は、酸素ではなく、窒素が気泡化することによって起こる。(2)熱けいれんは、高温環境下で多量の発汗により体内の水分と塩分が失われたところへ、水分だけが補給されたとき、体内の塩分濃度が低下することにより発生する。(3)末梢循環障害、末梢神経障害、筋骨格系障害のいずれも局所振動障害である。全身振動障害では、全身の疲労感等の症状や腰痛等の脊柱障害がみられる。(4)設問の通り。(5)マイクロ波は、赤外線より波長が長い電磁波で、照射部位の組織を加熱する作用がある。

問19　(2)

(1)有害物質を取り扱う装置を構造上または作業上の理由で完全に密閉できない場合は、装置内の圧力を外気圧より高くではなく、低くする。(2)設問の通り。(3)有害物質を発散する作業工程では、局所排気装置の設置よりも密閉化や自動化を優先して検討する。(4)ダクトが細すぎると圧力損失は増大し、ダクトが太すぎると搬送速度が不足する。(5)空気清浄装置は排風機の前に設置する。局所排気装置の構造は、フード→吸引ダクト→空気清浄装置→排風機→排気ダクト→排気口となる。

問20　(2)

(1)トルエンの生物学的モニタリングの指標として用いられる尿中の代謝物は、トリクロロ酢酸ではなく、馬尿酸である。(2)設問の通り。(3)スチレンの生物学的モニタリングの指標として用いられる尿中の代謝物は、馬尿酸ではなく、マンデル酸である。(4)N,N-ジメチルホルムアミドの生物学的モニタリングの指標として用いられる尿中の代謝物は、デルタ－アミノレブリン酸ではなく、N-メチルホルムアミドである。(5)鉛の生物学的モニタリングの指標として用いられる尿中の代

謝物は、マンデル酸ではなく、デルターアミノレブリン酸である。

関係法令(有害業務に係るもの以外のもの)

問21 (1)

(1)各種商品小売業では、常時使用する労働者数が300人以上の場合に、総括安全衛生管理者を選任しなければならない（安衛法第10条ほか）。(2)〜(5)設問の通り。

問22 (2)

(1)(4)(5)設問の通り。(2)2人以上の産業医を選任しなければならないのは、常時使用する労働者数が2,000人ではなく、3,000人を超える労働者を使用する事業場である（安衛則第13条4項）。(3)設問の通り。専属の産業医を選任しなければならないのは、常時1,000人以上の労働者を使用する場合または深夜業務や有害業務などの特定の業務に500人以上従事している場合である。「重量物の取扱い等重激な業務」は有害業務であるため、当事業場では、専属の産業医を選任しなければならない（安衛則第13条3項）。

練習問題

問23 (1)

(1)衛生委員会の議長を除く全委員ではなく、半数については、労働組合または労働者の過半数を代表する者の推薦に基づき指名する（安衛法第18条）。(2)〜(5)設問の通り。

問24 (4)

(1)(2)(3)(5)設問の通り。(4)定期健康診断を受けた労働者に対し、遅滞なく、当該健康診断の結果を通知しなければならない。

問25 (1)

⑴設問の通り。常時50人以上または常時女性30人以上の労働者を使用するときは、労働者が臥床することのできる男女別々の休養室または休養所を設けなければならない（安衛則第618条）。設問の場合、常時45人、常時女性10人を使用している事業場であるため、男女別々の休養室または休養所を設けていなくても違反していない。⑵設備等の占める容積を除き、労働者1人当たりの気積は10㎡以上必要であるため、50人の場合は500㎡必要となる（安衛則第600条）。設問の場合、1人当たりの気積が9㎡（450㎡÷50人）であるため、違反している。⑶大掃除は、毎年1回ではなく、6か月以内ごとに1回行わなければならない（安衛則第619条）。なお、時期については、法令に定められていないため、必ずしも12月に行わなくてもよい。⑷事業場に附属する食堂の床面積は、食事の際の1人について、約1㎡以上としなければならない（安衛則第630条）。⑸直接外気に向かって開放することのできる窓の面積は1/20以上としなければならない。1/20未満の場合は、換気設備を設けなければならない（安衛則第601条）。

問26 (2)

⑴面接指導の対象となる労働者の要件は、原則として、休憩時間を除き1週間当たり40時間を超えて労働させた場合におけるその超えた時間が1か月当たり100時間ではなく、80時間を超え、かつ、疲労の蓄積が認められる者である（安衛法第66条の8ほか）。⑵設問の通り。⑶面接指導の結果を健康診断個人票に記載するという定めはない。⑷事業者は、面接指導の結果に基づき、当該労働者の健康を保持するために必要な措置について、面接指導が行われた後、遅滞なく、医師の意見を聴かなければならない（安衛則第52条の7）。⑸事業者は、面接指導の結果に基づき、その記録を作成し、5年間保存しなければならない（安衛則第52条の6）。

問27 (1)

(1)設問の通り。(2)ストレスチェックの結果は原則としてストレスチェックを受けた労働者にのみ通知される。衛生管理者であることのみを理由として、衛生管理者に通知されるわけではない。(3)面接指導を行う医師として、当該事業場の産業医または事業場において産業保健活動に従事している医師が推奨されるが、事業者が指名できる医師は、当該事業場の産業医に限られるわけではない。(4)面接指導の結果を、健康診断個人票に記載しなければならない定めはない。(5)事業者は、面接指導の結果に基づき、当該労働者の健康を保持するために必要な措置について、面接指導が行われた後、遅滞なく、医師からの意見を聴かなければならない。

問28 (2)

①空気調和設備または機械換気設備を設けている場合は、室に供給される空気が、1気圧、温度25℃とした場合の当該空気中に占める二酸化炭素の含有率が100万分の1,000以下となるように、当該設備を調整しなければならない。②①の設備により室に流入する空気が、特定の労働者に直接、継続して及ばないようにし、かつ、室の気流を0.5m/s以下としなければならない（事務所則第5条ほか）。

問29 (2)

(1)(3)(4)(5)設問の通り。(2)フレックスタイム制は妊産婦に係る制限の対象に該当しない（労基法第66条）。

問30 (3)

週所定労働時間が25時間で、週所定労働日数が4日の労働者は、短時間労働者に対する有給休暇の比例付与の対象となり、「付与日数＝通常の労働者の付与日数×比例付与対象者の週所定労働日数÷5.2（厚生労働省が定める通常の労働者の週所定労働日数）」の式に当てはめて計算する。よって、14日×4日÷5.2＝10日（小数点以下切り捨て）となる。

労働衛生（有害業務に係るもの以外のもの）

問31 (1)

(1)温度感覚を左右する環境条件は、気温、湿度、気流およびふく射（放射）熱の四つの要素で決まる。(2)〜(5)設問の通り。

問32 (4)

ＡＣ 設問の通り。

Ｂ 新鮮な外気中の酸素濃度は約21%、二酸化炭素濃度は0.3〜0.4%程度ではなく、0.03%〜0.04%程度である。

Ｄ 必要換気量の算出に当たって、室内二酸化炭素基準濃度は、通常、1%ではなく、0.1%とする。

問33 (3)

(1)「情報機器作業における労働衛生管理のためのガイドライン」（以下、ガイドライン）では、ディスプレイの上端が眼の高さとほぼ同じか、やや下になるようにし、視距離はおおむね40cm以上確保することとされている。設問では、視距離をおおむね50cmとし、ディスプレイ画面の上端を眼の高さよりもやや下にしているため、適切である。(2)ガイドラインでは、書類上及びキーボード上における照度は300ルクス以上とし、作業しやすい照度とすることとされている。設問では、400ルクス程度としているため、適切である。(3)ガイドラインでは、一連続作業時間が1時間を超えないようにし、次の連続作業までの間に10分〜15分の作業休止時間を設け、かつ、一連続作業時間内において1回〜2回程度の小休止を設けることとされている。設問では、次の連続作業までの間に5分しか作業休止時間を設けていないため、適切ではない。(4)(5)ガイドラインに定められた通りであるため、適切である。

問34 (5)

(1)～(4)設問の通り。(5)照明設備の定期点検は、1年以内ごとに1回ではなく、6か月以内ごとに1回行わなければならない（安衛則第605条）。

問35 (5)

ＡＢ 設問の通り。

Ｃ 第二種施設においては、屋内で喫煙を認める場合は喫煙専用室を設けなければならない。喫煙専用室はたばこの煙が室内から室外に流出しないよう、壁、天井等によって区画されていることと定められており、時間分煙は認められていない。

Ｄ 喫煙専用室は、専ら喫煙をする用途で使用されるものであることから、喫煙専用室内で飲食等を行うことは認められない。

問36 (1)

(1)生体から得られたある指標が正規分布である場合、そのばらつきの程度は、分散や標準偏差によって表される。(2)～(5)設問の通り。

問37 (3)

(1)(2)(4)(5)「職場における腰痛予防対策指針」に基づく、腰部に著しい負担のかかる作業に配置する際に行う健康診断の項目に該当する。(3)負荷心電図検査は、労作性狭心症や運動誘発性不整脈の診断等で実施する。「職場における腰痛予防対策指針」に基づく、腰部に負担のかかる作業に配置する際に行う健康診断の項目には該当しない。

問38 (2)

(1)(3)(4)(5)設問の通り。(2)くも膜下出血は、脳動脈瘤が破れると数日後ではなく、ただちに激しい頭痛で発症する。

問39 (1)

(1)設問の通り。(2)ヒスタミンは、加熱によっても分解されない。(3)エ

ンテロトキシンは毒性のある蛋白質をいう。フグ毒の主成分はテトロドトキシンである。(4)カンピロバクターは汚染された鶏肉や牛肉、飲料水が主な原因である。カビではない。(5)ボツリヌス菌は熱に強く、長時間煮沸しても菌が死滅しない。

問40 (1)

日本人のメタボリックシンドローム診断基準で、腹部肥満（内臓脂肪の蓄積）とされるのは、腹囲が男性では85cm以上、女性では90cm以上の場合であり、この基準は、男女とも内臓脂肪面積が100cm²以上に相当する。よって(1)が該当する。

労働生理

問41 (4)

(1)(2)(3)(5)設問の通り。(4)リンパ球は、血小板ではなく、白血球の成分の1つである。

問42 (1)

(1)心拍数は、左心房ではなく、右心房に存在する洞結節からの電気刺激によってコントロールされている。(2)～(5)設問の通り。

問43 (5)

(1)～(4)設問の通り。(5)呼吸のリズムをコントロールしているのは、延髄にある呼吸中枢である。

問44 (1)

マルターゼとアミラーゼは炭水化物（糖質）の分解酵素、リパーゼは脂質の分解酵素、トリプシンとペプシンは蛋白質の分解酵素である。よって、正しい組み合わせは(1)である。

問45 (3)

肝臓の機能としては、主に次のものがあげられる。

「コレステロールの合成・尿素の合成・胆汁の生成・グリコーゲンの合成及び分解・脂肪酸の合成と分解・リン脂質の合成・余剰の蛋白質と糖質を脂肪（中性脂肪）に変換・糖新生（飢餓時にアミノ酸等からブドウ糖を合成）・解毒作用（アルコールの分解等）・血液凝固物質及び血液凝固阻止物質の生成等」

肝臓の機能の中にヘモグロビンの合成は当てはまらないので、(3)が誤り。

問46 (5)

(1)代謝において、細胞に取り入れられた体脂肪、グリコーゲン等が分解されてエネルギーを発生し、ATPが合成されることを同化ではなく異化という。(2)代謝において、体内に摂取された栄養素が、種々の化学反応によって、細胞を構成する蛋白質等の生体に必要な物質に合成されることを、異化ではなく同化という。(3)基礎代謝量は睡眠時ではなく、覚醒時に測定する。(4)エネルギー代謝率とは、その作業に要するエネルギー量が基礎代謝量の何倍であるかを示す数値である。(5)設問の通り。

問47 (3)

(1)血中の老廃物は糸球体からボウマン嚢へ濾し出される。尿細管から濾し出されるわけではない。(2)血中の蛋白質は糸球体からボウマン嚢へ濾し出されることなく、血液中に残る。(3)設問の通り。(4)原尿（ボウマン嚢へ濾し出された血液から血球と蛋白質を除いたもの）に含まれる電解質の多くは尿細管から血液中に再吸収される。(5)原尿中に濾し出された水分の大部分は尿細管から血液中に再吸収されるため、そのまま尿として排出されない。

問48 (5)

(1)〜(4)設問の通り。(5)交感神経系は、心拍数を増加し、消化管の運動を抑制する。

問49 (5)

(1)体温調節中枢は、間脳の視床下部にある。(2)高温にさらされると内臓ではなく、皮膚の血管が拡張し血流量を増やし皮膚の表面温度を上げ、放熱を促進する。(3)体温調節のように、外部環境が変化しても身体内部の状態を一定に保つ生体の仕組みを恒常性（ホメオスタシス）といい、主に神経系と内分泌系により調整されている。(4)人体の比熱（1gあたりの物質の温度を1℃上げるのに必要な熱量）は約0.83なので、体重70kgの個体の熱容量は約0.83×70kg＝約58.1kcalである。一方、皮膚表面から水1gが蒸発すると、0.58kcalの気化熱が奪われる。つまり、70kgの個体の温度を1度下げるためには、計算上［約58.1（kcal）÷0.58（kcal）＝約100.172…］、最低でも約100gの水分の蒸発（＝発汗）が必要となる。(5)設問の通り。

問50 (4)

(1)(2)(3)(5)設問の通り。(4)コルチゾールは副腎皮質から分泌され、血糖量を増加させる。

第2回練習問題

関係法令（有害業務に係るもの）

【問1】 ある製造業の事業場の労働者数及び有害業務等従事状況並びに産業医及び衛生管理者の選任の状況は、次の①～③のとおりである。この事業場の産業医及び衛生管理者の選任についての法令違反の状況に関する(1)～(5)の記述のうち、正しいものはどれか。ただし、産業医及び衛生管理者の選任の特例はないものとする。

　①労働者数及び有害業務等従事状況

　　常時使用する労働者数は800人であり、このうち、深夜業を含む業務に400人が、強烈な騒音を発する場所における業務に30人が常時従事しているが、他に有害業務に従事している者はいない。

　②産業医の選任の状況

　　選任している産業医数は1人である。

　　この産業医は、この事業場に専属の者ではないが、産業医としての法令の要件を満たしている医師である。

　③衛生管理者の選任の状況

　　選任している衛生管理者数は3人である。

　　このうち1人は、この事業場に専属でない労働衛生コンサルタントで、衛生工学衛生管理者免許を有していない。

　　他の2人は、この事業場に専属で、共に衛生管理者としての業務以外の業務を兼任しており、また、第一種衛生管理者免許を有しているが、衛生工学衛生管理者免許を有していない。

(1)選任している産業医がこの事業場に専属でないことが違反である。

(2)選任している衛生管理者数が少ないことが違反である。

(3)衛生管理者として選任している労働衛生コンサルタントがこの事業場に専属でないことが違反である。

(4)衛生工学衛生管理者免許を受けた者のうちから選任した衛生管理者

が1人もいないことが違反である。

(5)専任の衛生管理者が1人もいないことが違反である。

【問2】 次のAからDの作業について、法令上、作業主任者の選任が義務付けられているものの組合せは(1)〜(5)のうちどれか。

　A　水深10m以上の場所における潜水の作業

　B　セメント製造工程においてセメントを袋詰めする作業

　C　圧気工法により、大気圧を超える気圧下の作業室の内部において行う作業

　D　石炭を入れてあるホッパーの内部における作業

　(1)A，B　(2)A，C　(3)A，D　(4)B，C　(5)C，D

【問3】 次の業務に労働者を就かせるとき、法令に基づく安全又は衛生のための特別の教育を行わなければならないものに該当しないものはどれか。

　(1)石綿等が使用されている建築物の解体等の作業に係る業務

　(2)高圧室内作業に係る業務

　(3)有機溶剤等を用いて行う接着の業務

　(4)廃棄物の焼却施設において焼却灰を取り扱う業務

　(5)エックス線装置を用いて行う透過写真の撮影の業務

【問4】 次の装置のうち、法令上、定期自主検査の実施義務が規定されているものはどれか。

　(1)塩化水素を重量の20％含有する塩酸を使用する屋内の作業場所に設けた局所排気装置

　(2)アーク溶接を行う屋内の作業場所に設けた全体換気装置

　(3)エタノールを使用する作業場所に設けた局所排気装置

　(4)アンモニアを使用する屋内の作業場所に設けたプッシュプル型換気装置

　(5)トルエンを重量10％含有する塗料を用いて塗装する屋内の作業場

所に設けた局所排気装置

【問5】屋内作業場において、第二種有機溶剤等を使用して常時洗浄作業を行う場合の措置として、法令上、誤っているものは次のうちどれか。ただし、有機溶剤中毒予防規則に定める適用除外及び設備の特例はないものとする。

(1)作業場所に設けた局所排気装置について、囲い式フードの場合は0.4m/sの制御風速を出し得る能力を有するものにする。

(2)有機溶剤等の区分の色分けによる表示を黄色で行う。

(3)作業場における空気中の有機溶剤の濃度を、6か月以内ごとに1回、定期に測定し、その測定結果等の記録を3年間保存する。

(4)作業に常時従事する労働者に対し、6か月以内ごとに1回、定期に、特別の項目について医師による健康診断を行い、その結果に基づき作成した有機溶剤等健康診断個人票を3年間保存する。

(5)作業場所に設けたプッシュプル型換気装置について、原則として、1年以内ごとに1回、定期に、自主検査を行い、その検査の結果等の記録を3年間保存する。

【問6】酸素欠乏症等防止規則に関する次の記述のうち、誤っているものはどれか。

(1)酸素欠乏とは、空気中の酸素の濃度が18%未満である状態をいう。

(2)海水が滞留したことのあるピットの内部における作業については、酸素欠乏危険作業主任者技能講習を修了した者のうちから、酸素欠乏危険作業主任者を選任しなければならない。

(3)第一種酸素欠乏危険作業を行う作業場については、その日の作業を開始する前に、当該作業場における空気中の酸素の濃度を測定しなければならない。

(4)酸素又は硫化水素の濃度が法定の基準を満たすようにするために酸素欠乏危険作業を行う場所を換気するときは、純酸素を使用してはならない。

(5)し尿を入れたことのあるポンプを修理する場合で、これを分解する
　　作業に労働者を従事させるときは、指揮者を選任し、作業を指揮さ
　　せなければならない。

【問7】じん肺法に関する次の記述のうち、法令上、誤っているものは
どれか。
(1)じん肺管理区分の管理一は、じん肺健康診断の結果、じん肺の所見
　　がないと認められるものをいう。
(2)じん肺管理区分の管理二は、じん肺健康診断の結果、エックス線写
　　真の像が第一型でじん肺による著しい肺機能の障害がないと認めら
　　れるものをいう。
(3)常時粉じん作業に従事する労働者でじん肺管理区分が管理二である
　　ものに対しては、1年以内ごとに1回、定期的に、じん肺健康診断
　　を行わなければならない。
(4)都道府県労働局長は、事業者から、法令に基づいて、じん肺の所見
　　があると診断された労働者についてのエックス線写真等が提出され
　　たときは、これらを基礎として、地方じん肺診査医の診断又は審査
　　により、当該労働者についてじん肺管理区分の決定をするものとす
　　る。
(5)じん肺管理区分が管理三と決定された者及び合併症にかかっている
　　と認められる者は、療養を要するものとする。

【問8】労働安全衛生規則の衛生基準について、誤っているものは次の
うちどれか。
(1)硫化水素濃度が5ppmを超える場所には、関係者以外の者が立ち
　　入ることを禁止し、かつ、その旨を見やすい箇所に表示しなければ
　　ならない。
(2)強烈な騒音を発する屋内作業場においては、その伝ぱを防ぐため、
　　隔壁を設ける等必要な措置を講じなければならない。
(3)屋内作業場に多量の熱を放散する溶融炉があるときは、加熱された

空気を直接屋外に排出し、又はその放射するふく射熱から労働者を
保護する措置を講じなければならない。

(4)病原体により汚染された排気、排液又は廃棄物については、消毒、
殺菌等適切な処理をした後に、排出し、又は廃棄しなければならな
い。

(5)著しく暑熱又は多湿の作業場においては、坑内等特殊な作業場でや
むを得ない事由がある場合を除き、休憩の設備を作業場外に設けな
ければならない。

【問9】法令に基づき定期に行う作業環境測定とその測定頻度との組合
せとして、誤っているものは次のうちどれか。

(1)非密封の放射性物質を取り扱う作業室における空気中の放射性物質
の濃度の測定 ………………………………………… 6か月以内ごとに1回

(2)動力により駆動されるハンマーを用いる金属の成型の業務を行う屋
内作業場における等価騒音レベルの測定 …… 6か月以内ごとに1回

(3)第二種有機溶剤等を用いて塗装の業務を行う屋内作業場における空
気中の有機溶剤の濃度の測定 ……………………… 6か月以内ごとに1回

(4)通気設備が設けられている坑内の作業場における通気量の測定
………………………………………………………… 半月以内ごとに1回

(5)溶融ガラスからガラス製品を成型する業務を行う屋内作業場の気温、
湿度及びふく射熱の測定 …………………………… 半月以内ごとに1回

【問10】労働基準法に基づく有害業務への就業制限に関する次の記述の
うち、誤っているものはどれか。

(1)満18歳未満の者は、多量の低温物体を取り扱う業務に就かせては
ならない。

(2)妊娠中の女性は、異常気圧下における業務に就かせてはならない。

(3)満18歳以上で産後8週間を経過したが1年を経過しない女性から、
著しく暑熱な場所における業務に従事しない旨の申出があった場合
には、当該業務に就かせてはならない。

(4)満18歳以上で産後8週間を経過したが1年を経過しない女性から、さく岩機、鋲打機等身体に著しい振動を与える機械器具を用いて行う業務に従事したい旨の申出があった場合には、当該業務に就かせることができる。

(5)満18歳以上で産後1年を経過した女性は、多量の低温物体を取り扱う業務に就かせることができる。

労働衛生（有害業務に係るもの）

【問11】化学物質等による疾病のリスクの低減措置を検討する場合、次のアからエの対策について、優先度の高い順に並べたものは(1)～(5)のうちどれか。

ア 化学反応のプロセス等の運転条件の変更

イ 作業手順の改善

ウ 化学物質等に係る機械設備等の密閉化

エ 化学物質等の有害性に応じた有効な保護具の使用

(1)ア－ウ－イ－エ　(2)ア－エ－ウ－イ　(3)イ－ア－ウ－エ
(4)ウ－ア－イ－エ　(5)ウ－ア－エ－イ

【問12】次の化学物質のうち、常温・常圧（25℃、1気圧）の空気中で蒸気として存在するものはどれか。ただし、蒸気とは、常温・常圧で液体又は固体の物質が蒸気圧に応じて揮発又は昇華して気体となっているものをいうものとする。

(1)塩化ビニル　(2)ジクロロベンジジン　(3)アクリロニトリル
(4)エチレンオキシド　(5)二酸化硫黄

【問13】じん肺に関する次の記述のうち、正しいものはどれか。

(1)じん肺は、粉じんを吸入することによって肺に生じた炎症性病変を主体とする疾病で、その種類には、けい肺、間質性肺炎、慢性閉塞

性肺疾患（COPD）等がある。

(2)じん肺は、続発性気管支炎、肺結核等を合併することがある。

(3)鉱物性粉じんに含まれる遊離けい酸（SiO₂）は、石灰化を伴う胸膜肥厚や胸膜中皮腫を生じさせるという特徴がある。

(4)じん肺の有効な治療方法は、すでに確立されている。

(5)じん肺がある程度進行しても、粉じんへのばく露を中止すれば、病状が更に進行することはない。

【問14】有機溶剤に関する次の記述のうち、正しいものはどれか。

(1)有機溶剤の多くは、揮発性が高く、その蒸気は空気より軽い。

(2)有機溶剤は、脂溶性が低いため、脂肪の多い脳などには入りにくい。

(3)ノルマルヘキサンによる障害として顕著なものには、白血病や皮膚がんがある。

(4)二硫化炭素は、動脈硬化を進行させたり、精神障害を生じさせることがある。

(5)N,N-ジメチルホルムアミドによる障害として顕著なものには、視力低下を伴う視神経障害がある。

【問15】厚生労働省の「作業環境測定基準」および「作業環境評価基準」に基づく作業環境測定およびその結果の評価に関する次の記述のうち、正しいものはどれか。

(1)管理濃度は、有害物質に関する作業環境の状態を単位作業場所の作業環境測定結果から評価するための指標として設定されたものである。

(2)原材料を反応槽へ投入する場合等、間欠的に有害物質の発散を伴う作業による気中有害物質の最高濃度は、A測定の結果により評価される。

(3)単位作業場所における気中有害物質濃度の平均的な分布は、B測定の結果により評価される。

(4)A測定の第二評価値およびB測定の測定値がいずれも管理濃度に満

たない単位作業場所は、第一管理区分になる。

(5)B測定の測定値が管理濃度を超えている単位作業場所は、A測定の結果に関係なく第三管理区分に区分される。

【問16】作業環境における有害要因による健康障害に関する次の記述のうち、正しいものはどれか。

(1)レイノー現象は、振動工具などによる末梢循環障害で、冬期に発生しやすい。

(2)けい肺は、鉄、アルミニウムなどの金属粉じんによる肺の線維増殖性変化で、けい肺結節という線維性の結節が形成される。

(3)金属熱は、鉄、アルミニウムなどの金属を溶融する作業などに長時間従事した際に、高温環境により体温調節機能が障害を受けることにより発生する。

(4)電離放射線による造血器障害は、確率的影響に分類され、被ばく線量がしきい値を超えると発生率及び重症度が線量に対応して増加する。

(5)熱けいれんは、高温環境下での労働において、皮膚の血管に血液がたまり、脳への血液の流れが少なくなることにより発生し、めまい、失神などの症状がみられる。

【問17】化学物質による健康障害に関する次の記述のうち、正しいものはどれか。

(1)塩素による中毒では、再生不良性貧血、溶血などの造血機能の障害がみられる。

(2)シアン化水素による中毒では、細胞内の酸素の利用の障害による呼吸困難、けいれんなどがみられる。

(3)弗化水素による中毒では、脳神経細胞が侵され、幻覚、錯乱などの精神障害がみられる。

(4)酢酸メチルによる慢性中毒では、微細動脈瘤を伴う脳卒中などがみられる。

(5)二硫化炭素による中毒では、メトヘモグロビン形成によるチアノーゼがみられる。

【問18】労働衛生保護具に関する次の記述のうち、誤っているものはどれか。

(1)ガス又は蒸気状の有害物質が粉じんと混在している作業環境中で防毒マスクを使用するときは、防じん機能を有する防毒マスクを選択する。

(2)防毒マスクの吸収缶の色は、一酸化炭素用は赤色で、有機ガス用は黒色である。

(3)送気マスクは、清浄な空気をボンベに詰めたものを空気源として作業者に供給する自給式呼吸器である。

(4)遮光保護具には、遮光度番号が定められており、溶接作業などの作業の種類に応じて適切な遮光度番号のものを使用する。

(5)騒音作業における聴覚保護具（防音保護具）として、耳覆い（イヤーマフ）又は耳栓のどちらを選ぶかは、作業の性質や騒音の特性で決まるが、非常に強烈な騒音に対しては両者の併用も有効である。

【問19】特殊健康診断に関する次の文中の[　]内に入れるAからCの語句の組合せとして、正しいものは(1)～(5)のうちどれか。

「特殊健康診断において有害物の体内摂取量を把握する検査として、生物学的モニタリングがあり、スチレンについては、尿中の[A]及びフェニルグリオキシル酸の総量を測定し、[B]については、[C]中のデルタアミノレブリン酸の量を測定する。」

	A	B	C
(1)	馬尿酸	鉛	尿
(2)	馬尿酸	水銀	血液
(3)	メチル馬尿酸	鉛	血液
(4)	マンデル酸	水銀	血液
(5)	マンデル酸	鉛	尿

【問20】局所排気装置に関する次の記述のうち、正しいものはどれか。

(1)ダクトの形状には円形、角形などがあり、その断面積を大きくする
ほど、ダクトの圧力損失が増大する。

(2)フード開口部の周囲にフランジがあると、フランジがないときに比
べ、気流の整流作用が増すため、大きな排風量が必要となる。

(3)キャノピ型フードは、発生源からの熱による上昇気流を利用して捕
捉するもので、レシーバ式フードに分類される。

(4)スロット型フードは、作業面を除き周りが覆われているもので、囲
い式フードに分類される。

(5)空気清浄装置を付設する局所排気装置を設置する場合、排風機は、
一般に、フードに接続した吸引ダクトと空気清浄装置の間に設ける。

関係法令（有害業務に係るもの以外のもの）

【問21】衛生管理者又は衛生推進者の選任について、法令に違反してい
るものは次のうちどれか。ただし、衛生管理者の選任の特例はないも
のとする。

(1)常時200人の労働者を使用する医療業の事業場において、衛生工学
衛生管理者免許を受けた者のうちから衛生管理者を1人選任してい
る。

(2)常時200人の労働者を使用する旅館業の事業場において、第二種衛
生管理者免許を有する者のうちから衛生管理者を1人選任している。

(3)常時60人の労働者を使用する電気業の事業場において、第二種衛
生管理者免許を有する者のうちから衛生管理者を1人選任している。

(4)常時600人の労働者を使用する各種商品小売業の事業場において、
3人の衛生管理者のうち2人を事業場に専属で第一種衛生管理者免
許を有する者のうちから選任し、他の1人を事業場に専属でない労
働衛生コンサルタントから選任している。

(5)常時1,200人の労働者を使用する各種商品卸売業の事業場において、第二種衛生管理者免許を有する者のうちから、衛生管理者を4人選任し、そのうち1人を専任の衛生管理者としているが、他の3人には他の業務を兼務させている。

【問22】常時使用する労働者数が100人で、次の業種に属する事業場のうち、法令上、総括安全衛生管理者の選任が義務付けられていないものの業種はどれか。
(1)林業　(2)清掃業　(3)燃料小売業　(4)建設業　(5)運送業

【問23】衛生委員会に関する次の記述のうち、法令上、正しいものはどれか。
(1)衛生委員会の議長は、衛生管理者である委員のうちから、事業者が指名しなければならない。
(2)産業医のうち衛生委員会の委員として指名することができるのは、当該事業場に専属の産業医に限られる。
(3)衛生管理者として選任しているが事業場に専属でない労働衛生コンサルタントを、衛生委員会の委員として指名することはできない。
(4)当該事業場の労働者で、作業環境測定を実施している作業環境測定士を衛生委員会の委員として指名することができる。
(5)衛生委員会は、毎月1回以上開催するようにし、議事で重要なものに係る記録を作成して、これを5年間保存しなければならない。

【問24】労働安全衛生規則に基づく医師による健康診断に関する次の記述のうち、誤っているものはどれか。
(1)深夜業を含む業務に常時従事する労働者に対し、6か月以内ごとに1回、定期に、健康診断を行わなければならないが、胸部エックス線検査については、1年以内ごとに1回、定期に、行うことができる。
(2)雇入時の健康診断の項目のうち、聴力の検査は、1,000Hz及び4,000

Hzの音について行わなければならない。

(3)雇入時の健康診断において、医師による健康診断を受けた後3か月を経過しない者が、その健康診断結果を証明する書面を提出したときは、その健康診断の項目に相当する項目を省略することができる。

(4)定期健康診断を受けた労働者に対し、健康診断を実施した日から3か月以内に、当該健康診断の結果を通知しなければならない。

(5)雇入時の健康診断の結果については、所轄労働基準監督署長に報告する必要はない。

【問25】労働時間の状況等が一定の要件に該当する労働者に対して、法令により実施することが義務付けられている医師による面接指導に関する次の記述のうち、正しいものはどれか。ただし、新たな技術、商品又は役務の研究開発に係る業務に従事する者及び高度プロフェッショナル制度の対象者はいないものとする。

(1)面接指導の対象となる労働者の要件は、原則として、休憩時間を除き1週間当たり40時間を超えて労働させた場合におけるその超えた時間が1か月当たり80時間を超え、かつ、疲労の蓄積が認められる者であることとする。

(2)事業者は、面接指導を実施するため、タイムカードによる記録等の客観的な方法その他の適切な方法により、監督又は管理の地位にある者を除き、労働者の労働時間の状況を把握しなければならない。

(3)面接指導を行う医師として事業者が指定することのできる医師は、当該事業場の産業医に限られる。

(4)事業者は、面接指導の対象となる労働者の要件に該当する労働者から面接指導を受ける旨の申出があったときは、申出の日から3か月以内に、面接指導を行わなければならない。

(5)事業者は、面接指導の結果に基づき、当該面接指導の結果の記録を作成して、これを3年間保存しなければならない。

【問26】事務室の設備の定期的な点検等に関する次の記述のうち、法令上、正しいものはどれか。

(1)機械による換気のための設備については、3か月以内ごとに1回、定期に、異常の有無を点検しなければならない。

(2)燃焼器具を使用するときは、発熱量が著しく少ないものを除き、1か月以内ごとに1回、定期に、異常の有無を点検しなければならない。

(3)空気調和設備内に設けられた排水受けについては、原則として、2か月以内ごとに1回、定期に、その汚れ及び閉塞の状況を点検しなければならない。

(4)空気調和設備の加湿装置については、原則として、2か月以内ごとに1回、定期に、その汚れの状況を点検しなければならない。

(5)空気調和設備の冷却塔及び冷却水については、原則として、1か月以内ごとに1回、定期に、その汚れの状況を点検し、必要に応じ、その清掃及び換水等を行わなければならない。

【問27】労働安全衛生法に基づく心理的な負担の程度を把握するための検査について、医師及び保健師以外の検査の実施者として、次のAからDの者のうち正しいものの組合せは(1)～(5)のうちどれか。ただし、実施者は、法定の研修を修了した者とする。

A 公認心理師
B 歯科医師
C 衛生管理者
D 産業カウンセラー

(1)A，B　(2)A，D　(3)B，C　(4)B，D　(5)C，D

【問28】事業場の建築物、施設等に関する措置について、労働安全衛生規則の衛生基準に違反していないものは次のうちどれか。

(1)常時男性5人及び女性35人の労働者を使用している事業場で、男女共用の休憩室のほかに、女性用の臥床することのできる休養室を設けているが、男性用の休養室や休養所は設けていない。

(2) 60人の労働者を常時就業させている屋内作業場の気積を、設備の占める容積及び床面から3mを超える高さにある空間を除き600㎡としている。

(3) 労働衛生上の有害業務を有しない事業場において、窓その他の開口部の直接外気に向かって開放することができる部分の面積が、常時床面積の25分の1である屋内作業場に、換気設備を設けていない。

(4) 事業場に附属する食堂の床面積を、食事の際の1人について、0.8㎡としている。

(5) 日常行う清掃のほか、1年以内ごとに1回、定期に、統一的に大掃除を行っている。

【問29】労働基準法における労働時間等に関する次の記述のうち、正しいものはどれか。

(1) 1日8時間を超えて労働させることができるのは、時間外労働の協定を締結し、これを所轄労働基準監督署長に届け出た場合に限られている。

(2) 労働時間が8時間を超える場合においては、少なくとも45分の休憩時間を労働時間の途中に与えなければならない。

(3) 機密の事務を取り扱う労働者に対する労働時間に関する規定の適用の除外については、所轄労働基準監督署長の許可を受けなければならない。

(4) フレックスタイム制の清算期間は、3か月以内の期間に限られる。

(5) 満20歳未満の者については、時間外・休日労働をさせることはできない。

【問30】労働基準法に定める妊産婦等に関する次の記述のうち、法令上、誤っているものはどれか。ただし、常時使用する労働者数が10人以上の規模の事業場の場合とし、管理監督者等とは、「監督又は管理の地位にある者等、労働時間、休憩及び休日に関する規定の適用除外者」をいうものとする。

(1)妊産婦とは、妊娠中の女性及び産後1年を経過しない女性をいう。

(2)妊娠中の女性が請求した場合においては、他の軽易な業務に転換させなければならない。

(3)1年単位の変形労働時間制を採用している場合であっても、妊産婦が請求した場合には、管理監督者等の場合を除き、1週40時間、1日8時間を超えて労働させてはならない。

(4)フレックスタイム制を採用している場合であっても、妊産婦が請求した場合には、管理監督者等の場合を除き、1週40時間、1日8時間を超えて労働させてはならない。

(5)生理日の就業が著しく困難な女性が休暇を請求したときは、その者を生理日に就業させてはならない。

労働衛生（有害業務に係るもの以外のもの）

【問31】室内に11人の人が入っている事務室において、二酸化炭素濃度を1,000ppm以下に保つために最小限必要な換気量（㎥/h）に最も近いものは次のうちどれか。ただし、外気の二酸化炭素濃度を400ppm、室内にいる人の1人当たりの呼出二酸化炭素量を0.02㎥/hとする。

(1)19㎥/h　(2)37㎥/h　(3)190㎥/h　(4)370㎥/h　(5)740㎥/h

【問32】温熱条件に関する次の記述のうち、誤っているものはどれか。

(1)温度感覚を左右する環境条件は、気温、湿度及びふく射（放射）熱の三つの要素で決まる。

(2)熱中症はI度からⅢ度までに分類され、このうちⅢ度が最も重症である。

(3)WBGTは、暑熱環境による熱ストレスの評価に用いられる指標で、日射がない場合は、自然湿球温度と黒球温度の測定値から算出される。

(4)WBGT基準値は、暑熱順化者に用いる値の方が、暑熱非順化者に用いる値より大きな値となる。

(5)相対湿度とは、空気中の水蒸気圧とその温度における飽和水蒸気圧との比を百分率で示したものである。

【問33】採光、照明などに関する次の記述のうち、正しいものはどれか。

(1)照度の単位はルクスで、1ルクスは光度1カンデラの光源から10m離れた所で、その光に直角な面が受ける明るさに相当する。

(2)部屋の彩色に当たり、目の高さから上の壁および天井は、まぶしさを防ぐため濁色にするとよい。

(3)立体視を必要とする作業には、影のできない照明が適している。

(4)全般照明と局部照明を併用する場合、全般照明による照度は、局部照明による照度の15分の1以下になるようにする。

(5)前方から明かりをとるときは、まぶしさをなくすため、眼と光源を結ぶ線と視線が作る角度は、おおむね30°以上になるようにする。

【問34】厚生労働省の「労働者の心の健康の保持増進のための指針」に基づくメンタルヘルス対策に関する次のAからDの記述について、誤っているものの組合せは(1)〜(5)のうちどれか。

A メンタルヘルスケアを中長期的視点に立って継続的かつ計画的に行うため策定する「心の健康づくり計画」は、各事業場における労働安全衛生に関する計画の中に位置付けることが望ましい。

B 「心の健康づくり計画」の策定に当たっては、プライバシー保護の観点から、衛生委員会や安全衛生委員会での調査審議は避ける。

C 「セルフケア」、「家族によるケア」、「ラインによるケア」及び「事業場外資源によるケア」の四つのケアを効果的に推進する。

D 「セルフケア」とは、労働者自身がストレスや心の健康について理解し、自らのストレスを予防、軽減する、又はこれに対処することである。

(1)A，B　(2)A，C　(3)A，D　(4)B，C　(5)C，D

【問35】厚生労働省の「職場における受動喫煙防止のためのガイドライン」において、「喫煙専用室」を設置する場合に満たすべき事項として定められていないものは、次のうちどれか。

(1)喫煙専用室の出入口において、室外から室内に流入する空気の気流が、0.2m/s以上であること。

(2)喫煙専用室の出入口における室外から室内に流入する空気の気流について、6か月以内ごとに1回、定期に測定すること。

(3)喫煙専用室のたばこの煙が室内から室外に流出しないよう、喫煙専用室は、壁、天井等によって区画されていること。

(4)喫煙専用室のたばこの煙が屋外又は外部の場所に排気されていること。

(5)喫煙専用室の出入口の見やすい箇所に必要事項を記載した標識を掲示すること。

【問36】労働衛生管理に用いられる統計に関する次の記述のうち、誤っているものはどれか。

(1)生体から得られたある指標が正規分布である場合、そのばらつきの程度は、平均値及び中央値によって表される。

(2)集団を比較する場合、調査の対象とした項目のデータの平均値が等しくても分散が異なっていれば、異なった特徴をもつ集団であると評価される。

(3)健康管理統計において、ある時点での集団に関するデータを静態データといい、「有所見率」は静態データの一つである。

(4)ある事象と健康事象との間に、統計上、一方が多いと他方も多いというような相関関係が認められたとしても、それらの間に因果関係があるとは限らない。

(5)健康診断において、対象人数、受診者数などのデータを計数データといい、身長、体重などのデータを計量データという。

【問37】脳血管障害及び虚血性心疾患に関する次の記述のうち、誤っているものはどれか。

(1)出血性の脳血管障害は、脳表面のくも膜下腔に出血するくも膜下出血、脳実質内に出血する脳出血などに分類される。

(2)虚血性の脳血管障害である脳梗塞は、脳血管自体の動脈硬化性病変による脳塞栓症と、心臓や動脈壁の血栓が剥がれて脳血管を閉塞する脳血栓症に分類される。

(3)高血圧性脳症は、急激な血圧上昇が誘因となって、脳が腫脹する病気で、頭痛、悪心、嘔吐、意識障害、視力障害、けいれんなどの症状がみられる。

(4)虚血性心疾患は、心筋の一部分に可逆的な虚血が起こる狭心症と、不可逆的な心筋壊死が起こる心筋梗塞とに大別される。

(5)運動負荷心電図検査は、虚血性心疾患の発見に有用である。

【問38】食中毒に関する次の記述のうち、誤っているものはどれか。

(1)感染型食中毒は、食物に付着した細菌そのものの感染によって起こる食中毒で、代表的なものとしてサルモネラ菌によるものがある。

(2)毒素型食中毒は、食物に付着した細菌が増殖する際に産生した毒素によって起こる食中毒で、代表的なものとして黄色ブドウ球菌によるものがある。

(3)腸炎ビブリオ菌は、熱に強い。

(4)ボツリヌス菌は、缶詰、真空パック食品など酸素のない食品中で増殖して毒性の強い神経毒を産生し、筋肉の麻痺症状を起こす。

(5)ノロウイルスの失活化には、煮沸消毒又は塩素系の消毒剤が効果的である。

【問39】感染症に関する次の記述のうち、誤っているものはどれか。

(1)人間の抵抗力が低下した場合は、通常、多くの人には影響を及ぼさない病原体が病気を発症させることがあり、これを日和見感染という。

(2)感染が成立しているが、症状が現れない状態が継続することを不顕
　性感染という。

(3)感染が成立し、症状が現れるまでの人をキャリアといい、感染した
　ことに気付かずに病原体をばらまく感染源になることがある。

(4)感染源の人が咳_{せき}やくしゃみをして、唾液などに混じった病原体が飛
　散することにより感染することを空気感染といい、インフルエンザ
　や普通感冒の代表的な感染経路である。

(5)インフルエンザウイルスにはＡ型、Ｂ型及びＣ型の三つの型がある
　が、流行の原因となるのは、主として、Ａ型及びＢ型である。

【問40】労働者の健康保持増進のために行う健康測定における運動機能
　検査の項目とその測定種目との組合せとして、誤っているものは次の
　うちどれか。

(1)筋力 ……………………………………………………………………… 握力
(2)柔軟性 ……………………………………………………… 上体起こし
(3)平衡性 …………………………… 閉眼（または開眼）片足立ち
(4)敏捷性 ………………………………………………… 全身反応時間
(5)全身持久性 ……………………………………………… 最大酸素摂取量

労働生理

【問41】呼吸に関する次の記述のうち、正しいものはどれか。

(1)呼吸は、胸膜が運動することで胸腔_{くう}内の圧力を変化させ、肺を受動
　的に伸縮させることにより行われる。

(2)肺胞内の空気と肺胞を取り巻く毛細血管中の血液との間で行われる
　ガス交換は、内呼吸である。

(3)成人の呼吸数は、通常、１分間に16 ～ 20回であるが、食事、入浴、
　発熱などによって増加する。

(4)チェーンストークス呼吸とは、肺機能の低下により呼吸数が増加し

た状態をいい、喫煙が原因となることが多い。

(5)身体活動時には、血液中の窒素分圧の上昇により呼吸中枢が刺激され、1回換気量及び呼吸数が増加する。

【問42】心臓及び血液循環に関する次の記述のうち、誤っているものはどれか。

(1)心臓は、自律神経の中枢で発生した刺激が刺激伝導系を介して心筋に伝わることにより、規則正しく収縮と拡張を繰り返す。

(2)肺循環により左心房に戻ってきた血液は、左心室を経て大動脈に入る。

(3)大動脈を流れる血液は動脈血であるが、肺動脈を流れる血液は静脈血である。

(4)心臓の拍動による動脈圧の変動を末梢の動脈で触知したものを脈拍といい、一般に、手首の撓骨動脈で触知する。

(5)心臓自体は、大動脈の起始部から出る冠動脈によって酸素や栄養分の供給を受けている。

【問43】下の図は、脳などの正中縦断面であるが、図中に ▨ で示すAからEの部位に関する次の記述のうち、誤っているものはどれか。

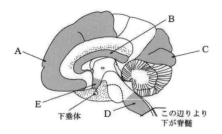

(1)Aは、大脳皮質の前頭葉で、運動機能中枢、運動性言語中枢及び精神機能中枢がある。

(2)Bは、小脳で、体の平衡を保つ中枢がある。

(3)Cは、大脳皮質の後頭葉で、視覚中枢がある。

(4)Dは、延髄で、呼吸運動、循環器官・消化器官の働きなど、生命維

持に重要な機能の中枢がある。

(5)Eは、間脳の視床下部で、自律神経系の中枢がある。

【問44】消化器系に関する次の記述のうち、誤っているものはどれか。

(1)三大栄養素のうち糖質はブドウ糖などに、蛋白質はアミノ酸に、脂肪は脂肪酸とグリセリンに、酵素により分解されて吸収される。

(2)無機塩及びビタミン類は、酵素による分解を受けないでそのまま吸収される。

(3)膵臓から十二指腸に分泌される膵液には、消化酵素は含まれていないが、血糖値を調節するホルモンが含まれている。

(4)ペプシノーゲンは、胃酸によってペプシンという消化酵素になり、蛋白質を分解する。

(5)小腸の表面は、ビロード状の絨毛という小突起で覆われており、栄養素の吸収の効率を上げるために役立っている。

【問45】腎臓・泌尿器系に関する次の記述のうち、誤っているものはどれか。

(1)糸球体では、血液中の蛋白質以外の血漿成分がボウマン嚢に濾し出され、原尿が生成される。

(2)尿細管では、原尿に含まれる大部分の水分、電解質、栄養分などが血液中に再吸収される。

(3)尿の生成・排出により、体内の水分の量やナトリウムなどの電解質の濃度を調節するとともに、生命活動によって生じた不要な物質を排出する。

(4)尿の約95%は水分で、約5%が固形物であるが、その成分は全身の健康状態をよく反映するので、尿検査は健康診断などで広く行われている。

(5)血液中の尿素窒素（BUN）の値が低くなる場合は、腎臓の機能の低下が考えられる。

【問46】血液に関する次の記述のうち、誤っているものはどれか。

(1)血液は、血漿と有形成分から成り、有形成分は赤血球、白血球及び血小板から成る。

(2)血漿中の蛋白質のうち、グロブリンは血液浸透圧の維持に関与し、アルブミンは免疫物質の抗体を含む。

(3)血液中に占める血球（主に赤血球）の容積の割合をヘマトクリットといい、男性で約45%、女性で約40%である。

(4)血液の凝固は、血漿中のフィブリノーゲンがフィブリンに変化し、赤血球などが絡みついて固まる現象である。

(5)ABO式血液型は、赤血球の血液型分類の一つで、A型の血清は抗B抗体を持つ。

【問47】感覚又は感覚器に関する次の記述のうち、誤っているものはどれか。

(1)眼軸が短過ぎるために、平行光線が網膜の後方で像を結ぶものを遠視という。

(2)眼の網膜には、明るい所で働き色を感じる錐状体と、暗い所で働き弱い光を感じる杆状体の二種類の視細胞がある。

(3)温度感覚は、皮膚のほか口腔などの粘膜にも存在し、一般に温覚の方が冷覚よりも鋭敏である。

(4)深部感覚は、筋肉や腱にある受容器から得られる身体各部の位置、運動などを認識する感覚である。

(5)中耳にある鼓室は、耳管によって咽頭に通じており、その内圧は外気圧と等しく保たれている。

【問48】免疫に関する次の記述のうち、誤っているものはどれか。

(1)抗原とは、免疫に関係する細胞によって異物として認識される物質のことである。

(2)抗原となる物質には、蛋白質、糖質などがある。

(3)抗原に対する免疫が、逆に、人体の組織や細胞に傷害を与えてしま

うことをアレルギーといい、主なアレルギー性疾患としては、気管
支ぜんそく、アトピー性皮膚炎などがある。

(4)免疫の機能が失われたり低下したりすることを免疫不全といい、免
疫不全になると、感染症にかかりやすくなったり、がんに罹患しや
すくなったりする。

(5)免疫には、リンパ球が産生する抗体によって病原体を攻撃する細胞
性免疫と、リンパ球などが直接に病原体などを取り込んで排除する
体液性免疫の二つがある。

【問49】 筋肉に関する次の記述のうち、正しいものはどれか。

(1)横紋筋は、骨に付着して身体の運動の原動力となる筋肉で意志によ
って動かすことができるが、平滑筋は、心筋などの内臓に存在する
筋肉で意志によって動かすことができない。

(2)筋肉は神経からの刺激によって収縮するが、神経より疲労しにくい。

(3)荷物を持ち上げたり、屈伸運動を行うときは、筋肉が長さを変えず
に外力に抵抗して筋力を発生させる等尺性収縮が生じている。

(4)強い力を必要とする運動を続けていると、筋肉を構成する個々の筋
線維の太さは変わらないが、その数が増えることによって筋肉が太
くなり筋力が増強する。

(5)筋肉自体が収縮して出す最大筋力は、筋肉の断面積1㎠当たりの平
均値をとると、性差、年齢差がほとんどない。

【問50】 睡眠に関する次の記述のうち、誤っているものはどれか。

(1)入眠の直後にはノンレム睡眠が生じ、これが不十分な時には、日中
に眠気を催しやすい。

(2)副交感神経系は、身体の機能を回復に向けて働く神経系で、休息や
睡眠状態で活動が高まり、心拍数を減少し、消化管の運動を亢進す
る。

(3)睡眠と覚醒のリズムは、体内時計により約1日の周期に調節されて
おり、体内時計の周期を外界の24時間周期に適切に同調させるこ

練習問題

とができないために生じる睡眠の障害を、概日リズム睡眠障害とい
う。

(4)睡眠と食事は深く関係しているため、就寝直前の過食は、肥満のほ
か不眠を招くことになる。

(5)脳下垂体から分泌されるセクレチンは、夜間に分泌が上昇するホル
モンで、睡眠と覚醒のリズムの調節に関与している。

関係法令（有害業務に係るもの）

問1 (5)

(1)産業医が事業場に専属とならなければならないのは指定業務（深夜、坑内、有害、病原体等）に500人以上の労働者が従事している場合もしくは常時使用している労働者数が1,000人以上の場合であるので違反ではない（安衛則第7条第1項の4）。(2)常時使用する労働者数が800人の場合、選任する衛生管理者の人数は3人以上であるため、少なくない（安衛則第7条）。(3)複数の衛生管理者を選任する場合、衛生管理者のうちの1人を事業場に専属でない労働衛生コンサルタントから選任することができる（安衛則第7条）。(4)強烈な騒音を発する場所における業務では、衛生工学衛生管理者免許を有する者のうちから衛生管理者を選任する必要はないので違反ではない（安衛則第7条ほか）。(5)当該事業場では、強烈な騒音を発する場所における業務に従事している人数が30人以上、かつ常時使用する労働者数が500人以上のため、専任の衛生管理者を選任する必要がある（安衛則第7条ほか）。

問2 (5)

A　水深10m以上の場所における潜水の作業は、作業主任者の選任が義務付けられていない（安衛法第14条ほか）。

B　セメント製造工程においてセメントを袋詰めする作業は、作業主任者の選任が義務付けられていない（安衛法第14条ほか）。

C　圧気工法により、大気圧を超える気圧下の作業室の内部において行う作業は、高圧室内作業に該当するため、作業主任者の選任が義務付けられている（安衛法第14条ほか）。

D　石炭を入れてあるホッパーの内部における作業は、第一種酸素欠乏危険作業にあたるため作業主任者の選任が義務付けられている（安衛法第14条ほか）。

問3 (3)

(1)(2)(4)(5)特別教育の対象となる業務である。(3)有機溶剤等を用いて行う接着の業務は、特別教育実施の対象外である（安衛法第59条ほか）。

問4 (5)

(1)塩化水素は特定化学物質の第三類物質にあたり、局所排気装置の設置義務が元々ないため、定期自主検査の対象にならない。(2)全体換気装置は、定期自主検査の対象外である。(3)エタノールを使用する作業場所は、局所排気装置の設置義務が元々ないため、定期自主検査の対象にならない。(4)アンモニアは特定化学物質の第三類物質にあたり、プッシュプル型換気装置の設置義務が元々ないため、定期自主検査の対象にならない。(5)トルエンを重量の10％含有する塗料は有機溶剤等含有物として有機溶剤中毒予防規則が適用され、当該塗料を扱う作業場所に設けた局所排気装置は1年以内ごとに1回の定期自主検査の実施義務がある（有機則第20条、安衛法第45条ほか）。

問5 (4)

(1)(2)(3)(5)設問の通り。(4)作業に常時従事する労働者に対し、6か月以内ごとに1回、定期に、特別の項目について医師による健康診断を行い、その結果に基づき作成した有機溶剤等健康診断個人票を3年間ではなく、5年間保存する。

問6 (2)

(1)(3)(4)(5)設問の通り。(2)海水が滞留したことのあるピットの内部における作業は第二種酸素欠乏危険作業に該当するため、酸素欠乏・硫化水素危険作業主任者技能講習を修了した者のうちから酸素欠乏危険作業主任者を選任しなければならない（酸欠則第11条ほか）。

問7 (5)

(1)〜(4)設問の通り。(5)じん肺管理区分が管理三の者は、療養を要する

ものとはされておらず、あくまで経過観察である。管理三の者で、か
つ合併症を発症している者は、療養を要する。

問8　(1)

(1)硫化水素濃度が5ppm（100万分の5）ではなく、10ppm（100万分
の10）を超える場所には、関係者以外の者が立ち入ることを禁止し、
かつ、その旨を見やすい箇所に表示しなければならない。
(2)～(5)設問の通り。

問9　(1)

(1)非密封の放射性物質を取り扱う作業室における空気中の放射性物質
の濃度の測定は、6か月以内ごとに1回ではなく、1か月以内ごとに
1回行わなければならない（安衛法第65条ほか）。(2)～(5)設問の通り。

問10　(4)

(1)設問の通り。満18歳未満の者は、多量の低温物体を取り扱う業務
に就かせてはならない。(2)設問の通り。妊娠中の女性は、申し出がな
くとも、異常気圧下における業務に就かせてはならない。(3)設問の通
り。著しく暑熱な場所における業務は、産後1年を経過しない女性が
使用者に申し出た場合、当該業務に就かせてはならない。(4)さく岩機、
鋲打機等身体に著しい振動を与える機械器具を用いて行う業務は、妊
娠中および産後1年を経過しない女性については、当該労働者がその
業務に従事したい旨を申し出たとしても就かせてはならない。(5)設問
の通り。産後に、就業禁止業務が定められているのは「産後1年を経
過しない」場合である。選択肢は満18歳以上で産後1年を経過してお
り、妊産婦に該当しないため、多量の低温物体を取り扱う業務に就か
せることができる。

問11 (1)

リスクの低減措置の検討は、次の順番で実施する。化学反応のプロセス等の運転条件の変更⇒化学物質等に係る機械設備等の密閉化⇒作業手順の改善⇒化学物質等の有害性に応じた有効な保護具の使用。

問12 (3)

(1)塩化ビニルは常温・常圧の空気中ではガスである。(2)ジクロロベンジジンは常温・常圧の空気中では粉じんである。(3)設問の通り。(4)エチレンオキシドは、常温・常圧の空気中ではガスである。(5)二酸化硫黄は、常温・常圧の空気中ではガスである。

問13 (2)

(1)じん肺とは粉じんを吸入することによって肺に生じた線維増殖性変化を主体とする疾病を指す。(2)設問の通り。(3)胸膜に肥厚な石灰化を生じ、また、中皮腫を起こす原因となる物質は石綿である。遊離けい酸は、線維性の結節を形成させ、けい肺を引き起こす。(4)じん肺の有効な治療方法は確立されていない。(5)じん肺がある程度進行すると、粉じんへのばく露を中止しても症状が進行する。

問14 (4)

(1)一般に、有機溶剤の蒸気は空気より重い。(2)有機溶剤は脂溶性であり、脂肪の多い脳等に入りやすい。(3)ノルマルヘキサンによる障害として顕著なものは、末梢神経障害である。(4)設問の通り。(5)N,N-ジメチルホルムアミドによる障害として顕著なものは、頭痛、めまい、肝機能障害等である。

問15 (1)

(1)設問の通り。(2)原材料を反応槽へ投入する場合等、間欠的に有害物

質の発散を伴う作業による気中有害物質の最高濃度は、A測定ではなく、B測定の結果により評価される。(3)単位作業場所における気中有害物質濃度の平均的な分布は、B測定ではなく、A測定の結果により評価される。(4)A測定の第二評価値およびB測定の測定値がいずれも管理濃度に満たない単位作業場所は、第一管理区分または第二管理区分となる。(5)A測定の結果に関係なく第三管理区分となるのは、B測定の測定値が管理濃度の1.5倍を超えている場合である。

問16 (1)

(1)設問の通り。(2)けい肺は金属粉じんが原因ではなく、遊離けい酸が原因である。(3)金属熱は、金属のヒュームを吸入することにより発生する疾病である。(4)確率的影響とは、しきい値がなく、被ばく線量に応じて発生率・重症度が増加する影響であり、確定的影響とはある線量を超えて被ばくした場合に必ず影響が発生するしきい値のある影響である。電離放射線による造血器障害は確率的影響ではなく、確定的影響に分類される。(5)熱けいれんは、高温環境下で多量の発汗により体内の水分と塩分が失われたところへ、水分だけが補給されたとき、体内の塩分濃度が低下することにより発生する。

問17 (2)

(1)塩素による中毒では、咽頭痛、咳、胸苦しさ、肺水腫等がある。(2)設問の通り。(3)弗化水素による中毒では、肺炎や肺水腫、慢性中毒では骨の硬化や斑状歯等がみられる。(4)酢酸メチルによる慢性中毒では、視力低下、視野狭窄等の視神経障害等がみられる。(5)二硫化炭素による中毒では、精神障害や麻酔作用、網膜細動脈瘤等の血管障害がみられる。

問18 (3)

(1)(2)(4)(5)設問の通り。(3)送気マスクは、ホース等で離れた場所へ空気を送る呼吸器であり、自給式呼吸器には含まれない。自給式呼吸器と

しては酸素呼吸器や空気呼吸器がある。

問19 (5)

特殊健康診断において有害物の体内摂取量を把握する検査として、生物学的モニタリングがあり、スチレンについては、尿中のマンデル酸およびフェニルグリオキシル酸の総量を測定し、鉛については、尿中のデルタアミノレブリン酸の量を測定する。

問20 (3)

(1)ダクトの圧力損失は、断面積を小さくするほど増大する。(2)フランジを設けると、フランジがないときに比べ少ない排風量で所要の効果を上げることができる。(3)設問の通り。(4)スロット型フードは、有害物質の発散源の前に設置し、吸い込み気流を発生させて有害物質をフードまで吸引するもので、外付け式フードに分類される。(5)排風機は、空気清浄装置の後に設ける。

関係法令(有害業務に係るもの以外のもの)

問21 (3)

(1)(2)(4)(5)設問の通り。(3)電気業では、第一種衛生管理者免許または衛生工学衛生管理者免許を有する者のうちから衛生管理者を選任する必要がある（安衛法第12条ほか）。

問22 (3)

(1)(2)(4)(5)屋外産業的業種は、常時使用する労働者数が100人以上の場合に、総括安全衛生管理者の選任が義務付けられている。(3)燃料小売業は屋内産業的業種に分類され、常時使用する労働者数が300人以上の場合に総括安全衛生管理者の選任が義務付けられている（安衛法第10条ほか）。

問23 ⑷

⑴衛生委員会の議長は、総括安全衛生管理者または総括安全衛生管理者以外の者で、当該事業場においてその事業の実施を統括管理する者もしくはこれに準ずる者のうちから事業者が指名した者でなければならない（安衛法第18条）。⑵衛生委員会の委員として指名する産業医は、専属の者に限定する定めはない（安衛法第18条）。⑶事業場に非専属の労働衛生コンサルタントを衛生委員会の委員に指名できる（安衛法第18条ほか）。⑷設問の通り。⑸衛生委員会の議事録は３年間保存する。５年間ではない。

問24 ⑷

⑴⑵⑶⑸設問の通り。⑷定期健康診断を受けた労働者に対し、遅滞なく、当該健康診断の結果を通知しなければならない。

問25 ⑴

⑴設問の通り（安衛法第66条の８ほか）。⑵事業者は、裁量労働対象労働者や監督または管理の地位にある者等を含む、全ての労働者（高度プロフェッショナル制度の対象者を除く）について、労働時間を把握するため、タイムカードによる記録等の客観的な方法その他の適切な方法により、労働者の労働時間の状況を把握しなければならない。⑶面接指導を行う医師として事業者が指定できる医師は、当該事業場の産業医に限られるという定めはない。⑷事業者は、面接指導の対象となる労働者の要件に該当する労働者から面接指導を受ける旨の申出があったときは、遅滞なく、面接指導を行わなければならない。⑸事業者は、面接指導の結果に基づき、その記録を作成し、５年間保存しなければならない（安衛則第52条の６）。

問26 ⑸

⑴事務室において使用する機械による換気のための設備については、３か月以内ごとに１回ではなく、２か月以内ごとに１回、定期に、異

常の有無を点検しなければならない（事務所則第9条）。(2)燃焼器具は
毎日、異常の有無を点検しなければならない。(3)(4)空気調和設備内に
設けられた排水受けや加湿装置等の汚れおよび閉塞の状況の点検は、
原則1か月以内ごとに行い、必要があれば清掃も行う（事務所則第9
条の2）。(5)設問の通り。

問27　(1)

労働安全衛生法に基づく心理的な負担の程度を把握するための検査
（「ストレスチェック」ともいう）について、医師および保健師以外の
検査の実施者に該当するのは「看護師、精神保健福祉士、歯科医師、
公認心理師」である。よって(1)が該当する。なお医師および保健師以
外の実施者は厚生労働大臣が定める研修を修了する必要がある（安衛
法第66条の10ほか）。

問28　(2)

(1)常時50人以上または常時女性30人以上の労働者を使用するときは、
労働者が臥床することのできる休養室または休養所を男性用と女性用
に区別して設けなければならない（安衛則第618条）。(2)設問の通り。
(3)直接外気に向かって開放することのできる窓の面積は1/20以上と
しなければならない。1/20未満の場合は、換気設備を設けなければ
ならない（安衛則第601条）。(4)事業場に附属する食堂の床面積は、食
事の際の1人について、約1㎡以上としなければならない（安衛則第
630条）。(5)大掃除は、1年以内ごとに1回ではなく、6か月以内ご
とに1回行わなければならない（安衛則第619条）。

問29　(4)

(1)1日8時間を超えて労働させることができるのは、時間外労働の協
定を締結し、これを所轄労働基準監督署長に届け出た場合に限られて
いない。災害時等臨時の必要があるとき等は、協定がされていなくと
も所轄労働基準監督署長の許可を受けてまたは事後の届出により1日

8時間を超えて労働させることができる。また、変形労働時間制やみなし労働時間制を採用した際にも1日8時間を超えて労働させることができる場合がある（労基法第33条ほか）。(2)労働時間が8時間を超える場合においては、少なくとも1時間の休憩時間を労働時間の途中に与えなければならない（労基法第34条）。(3)機密の事務を取り扱う労働者に対する労働時間に関する規定の適用の除外については、所轄労働基準監督署長の許可を受ける必要はない（労基法第41条ほか）。(4)設問の通り。(5)満20歳未満ではなく、満18歳未満の者については、時間外・休日労働をさせることができない（労基法第60条ほか）。

問30 (4)

(1)(2)(3)(5)設問の通り。(4)フレックスタイム制は妊産婦に係る制限の対象に該当しない（労基法第66条）。

労働衛生（有害業務に係るもの以外のもの）

問31 (4)

必要換気量（㎥/h）は、次の式より求めることができる。

$$\frac{\text{在室者全員の1時間当たりの呼出二酸化炭素量（㎥/h）}}{\text{室内二酸化炭素基準濃度（ppm）} - \text{外気の二酸化炭素濃度（ppm）}} \times 1,000,000$$

問題文より、数字を代入して計算する。

$$\frac{0.02（㎥/h） \times 11（人）}{1000（ppm） - 400（ppm）} \times 1,000,000$$

$$\frac{0.22（㎥/h）}{600（ppm）} \times 1,000,000 = 366.66\cdots\cdots$$

よって、最も近いものは、(4)370㎥/hである。

問32 (1)

(1)温度感覚を左右する環境条件は、気温、湿度、気流およびふく射（放射）熱の四つの要素で決まる。(2)～(5)設問の通り。

問33 (5)

(1)照度の単位はルクスで、1ルクスは光度1カンデラの光源から1m離れた所で、その光に直角な面が受ける明るさに相当する。(2)部屋の彩色は、目の高さから上は、濁色ではなく明るい色にするとよい。(3)立体視を必要とする作業には、適度な影が必要である。(4)全般照明と局部照明を併用する場合、全般照明による照度は、局部照明による照度の1/10以上になるようにする。(5)設問の通り。

問34 (4)

A、D設問の通り。B「心の健康づくり」の策定に当たっては、衛生委員会や安全衛生委員会において十分調査審議を行い、策定する。
C 四つのケアとは、労働者自身によるセルフケア、管理監督者等によるラインによるケア、産業医および衛生管理者等による事業場内産業保健スタッフ等によるケア、事業場外の機関および専門家等による事業場外資源によるケアであり、家族によるケアは該当しない。よって(4)が該当する。

問35 (2)

(1)(3)(4)(5)設問の通り。(2)喫煙専用室の出入口における室外から室内に流入する空気の気流について、6か月以内ごとに1回ではなく、おおむね3か月以内に1回、定期に測定する。

問36 (1)

(1)生体から得られたある指標が正規分布である場合、そのばらつきの程度は、分散や標準偏差によって表される。(2)～(5)設問の通り。

問37 (2)

(1)(3)(4)(5)設問の通り。(2)心臓や動脈壁の血栓が剥がれて脳血管を閉塞するのが脳塞栓症で、脳血管自体の動脈硬化性病変によるものが脳血栓症である。

問38 (3)

(1)(2)(4)(5)設問の通り。(3)腸炎ビブリオ菌は、熱に弱い。

問39 (4)

(1)(2)(3)(5)設問の通り。(4)空気感染とは、微生物を含む飛沫の水分が蒸発して、5μm以下の小粒子として長時間空気中に浮遊し、空調等を通じて感染することをいう。感染源の人が咳やくしゃみをして、唾液等に混じった病原体が飛散することにより感染することは、飛沫感染といい、インフルエンザや普通感冒（かぜ）の代表的な感染経路である。

問40 (2)

(1)(3)(4)(5)設問の通り。(2)柔軟性は、上体起こしではなく、立位体前屈等で検査する。上体起こしは、筋持久力を測定するのに用いる。

練習問題

労働生理

問41 (3)

(1)呼吸は、主として呼吸筋（肋間筋と横隔膜）が収縮と弛緩をすることによって胸郭内容積を周期的に増減させて行われる。(2)肺胞内の空気と肺胞を取り巻く毛細血管中の血液との間で行われるガス交換は内呼吸ではなく、外呼吸である。(3)設問の通り。(4)チェーンストークス呼吸とは、浅い呼吸から、徐々に深い呼吸となった後、次第に呼吸が浅くなり、一時的に呼吸停止となるサイクルが繰り返される呼吸のことである。(5)身体活動時には、血液中の窒素分圧の上昇ではなく、二

酸化炭素分圧の上昇等により呼吸中枢が刺激され、1回換気量および呼吸数が増加する。

問42 ⑴

⑴心臓は、自律神経の中枢ではなく、洞房結節で発生した刺激が刺激伝導系を介して心筋に伝わることにより、規則正しく収縮と拡張を繰り返す。⑵〜⑸設問の通り。

問43 ⑵

⑴⑶⑷⑸設問の通り。⑵Bは、脳梁である。小脳は、設問の正中縦断面でいうと次の通り。

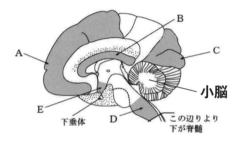

問44 ⑶

⑴⑵⑷⑸設問の通り。⑶膵臓は、消化酵素を含む膵液を十二指腸に分泌するとともに、血糖値を調節するホルモンを血液中に分泌する。

問45 ⑸

⑴〜⑷設問の通り。⑸血液中の尿素窒素（ＢＵＮ）の値が高くなると、腎臓の機能の低下が考えられる。

問46 ⑵

⑴⑶⑷⑸設問の通り。⑵血漿中の蛋白質のうち、グロブリンは免疫物質の抗体を含み、アルブミンは血液浸透圧の維持に関与している。

問47 (3)

(1)(2)(4)(5)設問の通り。(3)温度感覚は、一般に冷覚のほうが温覚よりも鋭敏である。

問48 (5)

(1)〜(4)設問の通り。(5)免疫には、リンパ球等が直接に病原体等を取り込んで排除する細胞性免疫と、リンパ球が産生する抗体によって病原体を攻撃する体液性免疫の二つがある。

問49 (5)

(1)心筋は、意志によって動かすことができない不随筋であるが、横紋筋であるため誤り。(2)筋肉は、神経に比べて疲労しやすい。(3)荷物を持ち上げたり、屈伸運動のような動的作業は等尺性収縮ではなく、等張性収縮である。(4)強い力を必要とする運動を続けていると、筋肉を構成する個々の筋線維が太くなり筋力が増強する。筋線維の数が増えるわけではない。(5)設問の通り。

問50 (5)

(1)〜(4)設問の通り。(5)夜間に分泌が上昇し、睡眠と覚醒のリズムの調節に関与しているのは、メラトニンである。セクレチンは消化に関するホルモンであり、十二指腸粘膜から分泌され膵液の分泌を促進する。

練習問題

MEMO

MEMO

MEMO

〈プロフィール〉

株式会社ウェルネット
「仕事を通じて泣く人を一人でもなくしたい」という思いのもと、労働安全衛生・人事・労務を中心とした経営コンサルティング会社として、法定講習やコンサルティングなどを通して、多くの企業様の労働環境整備を側面から支えている。 HP：https://www.wellnet-jp.com/

山根　裕基（やまね・ゆうき）
東京都生まれ。明治大学経営学部会計学科卒業。ITベンチャー系企業を経て、株式会社ウェルネットへ入社。現在は、代表取締役を務め、衛生管理者受験対策講座、安全管理者選任時研修などの講座の講師としても活躍。中小企業診断士、衛生工学衛生管理者、作業環境測定士、乙種第4類危険物取扱者、毒物劇物取扱者。
〈著書〉「7日間完成　衛生管理者試験＜過去＆予想＞問題集」(日本実業出版社)「マンガ乙種第4類危険物取扱者」(西東社)など編著書・監修書多数

山根　加奈未（やまね・かなみ）
東京都生まれ。明治大学経営学部経営学科卒業。通信販売小売業を経て、株式会社ウェルネットへ入社。現在は、衛生管理者受験対策講座、登録販売者受験対策講座、危険物取扱者乙種第4類受験対策講座、外国人技能実習制度に関する法定講習など、さまざまな講座の講師として活躍。ウェルネットにおける衛生管理者試験受験対策講座のスペシャリスト。衛生工学衛生管理者、作業環境測定士、乙種第4類危険物取扱者、毒物劇物取扱者。

金丸　萌（かなまる・もえ）
東京都生まれ。明治学院大学法学部消費情報環境法学科卒業。大学卒業後、株式会社ウェルネットへ入社。コンサルティング部にて衛生管理者受験対策講座の教材開発業務、オンライン・DVD講座の監修、新規講座の企画開発、安全衛生に関するコンサルティング業務に従事。第1種衛生管理者、乙種第4類危険物取扱者。

第1種・第2種衛生管理者　最速最短合格テキスト

2024年7月25日　初版第1刷発行

編著者　株式会社ウェルネット
著　者　山根　裕基
　　　　山根　加奈未
　　　　金丸　萌
発行者　延對寺　哲

発行所　株式会社 ビジネス教育出版社

〒102-0074　東京都千代田区九段南4-7-13
TEL 03(3221)5361(代表)／FAX 03(3222)7878
E-mail▶info@bks.co.jp URL▶https://www.bks.co.jp

印刷・製本／モリモト印刷㈱　装丁・本文デザイン・DTP／㈲エルグ
落丁・乱丁はお取り替えします。
ISBN978-4-8283-1089-3　C2034